AF349392

LEAN SIX SIGMA

Sistema de gestión para liderar empresas

Luis Socconini
Carlo Reato

Colección: Gestiona
Director: David Soler

LEAN SIX SIGMA
Sistema de gestión para liderar empresas
1.ª edición, 2019

© 2019, Luis Vicente Socconini Pérez Gómez y Carlo Reato
© de esta edición, ICG Marge, SL
Edición original, 2018: Lean Six Sigma Management System for Leaders

Edita: Marge Books
València, 558 – 08026 Barcelona
Tel. 931 429 486 - marge@margebooks.com
www.margebooks.com

Gestión editorial: Adrià Gibernau
Traducción: F. Javier Lorente-Puchades
Compaginación: Mercedes Lara
Impresión: Prodigitalk, SL (Martorell, Barcelona)

ISBN edición impresa: 978-84-17903-01-5
ISBN edición digital: 978-84-17903-02-2
Depósito Legal: B 15712-2019

 El papel empleado en este libro no ha sido blanqueado con cloro elemental (CI_2).

ÍNDICE

LOS AUTORES

Luis Socconini

Es fundador y CEO del Lean Six Sigma Institute Worldwide, y autor de diversos libros de gran éxito *(El proceso de las 5S en acción, Lean Manufacturing, Lean Company, Lean Energy 4.0, Lean Six Sigma Yellow Belt y Lean Six Sigma Green Belt)*. Se graduó en el Instituto Tecnológico de Estudios Superiores de Monterrey. Además de ser un gran experto en Lean Six Sigma, estudió Gestión Estratégica en la Universidad de Stanford. Ha desarrollado proyectos en empresas de sectores tan diversos como la ingeniería aeroespacial, la hostelería, la manufactura, los seguros, la construcción, la sanidad, la electrónica, los servicios o la alimentación. Ha preparado y certificado a más de 30 000 profesionales en Lean Six Sigma. Vive en San Diego, California.

Carlo Reato

Empresario y autor de libros sobre gestión empresarial, posee una larga experiencia internacional gracias a una larga carrera en la que ha desempeñado cargos de dirección en empresas líderes de sectores tan diversos como la electrónica, la automoción, las tecnologías industriales, la alimentación, la sanidad y la tecnología médica. Asimismo, en calidad de experto en Lean Six Sigma, ha ayudado a prosperar a un gran número de empresas y fundaciones, sean grandes, medianas o familiares, cotizadas en Bolsa o no. Se graduó en la Harvard Business School, así como en la Duke University, y estudió en el MIT los métodos de implementación de la industria 4.0 y de internet de las cosas (IoT) en combinación con el sistema Lean Six Sigma. Vive en Suiza.

AGRADECIMIENTOS

Estamos muy agradecidos a las muchas personas que han compartido sus ideas con nosotros y han realizado toda clase de aportaciones a lo largo de todos estos años. Su continuo interés nos empujó a escribir este libro sobre el sistema de gestión Lean Six Sigma y dedicarlo a todas aquellas personas que siempre buscan el modo de mejorar su negocio. Tampoco podemos olvidarnos de quienes han dedicado tiempo a revisar los capítulos y nos han alentado a proseguir nuestro camino.

Queremos dar las gracias a nuestras familias y, en particular, a nuestras esposas, Marcela Socconini y Gabriella Reato, por todo el apoyo que hemos recibido, así como a los hijos de Luis: Sofía, Andrea y Natalia.

PREFACIO

En muchas ocasiones, hemos podido observar que las empresas se administran de un modo similar a como se hacía en el pasado a pesar de que hoy las necesidades han cambiado y mañana cambiarán aún más.

En la actualidad, las empresas que tardan más de lo esperable a la hora de proporcionar productos o servicios, y que, cuando lo hacen, estos son de una calidad cuestionable, que acumulan quejas y devoluciones, que trabajan con costos y precios muy elevados, y que, además, se comunican poco y mal, están destinadas a desaparecer.

En el siglo xx, apostar por el cambio era una opción. En estos momentos, se ha convertido en un requisito inexcusable para sobrevivir en cualquier sector. Además, dichos cambios no pueden realizarse con la lentitud con la que se llevaban a cabo en el pasado.

Las empresas, si desean sobrevivir y superar a sus competidores, deben aprender una y otra vez para adaptarse a la rapidez con la que cambian las necesidades del mercado. En más de una ocasión tendrán que reinventar su modelo de negocio. Dicha rapidez obliga a considerar también conceptos tales como la innovación, el producto o el servicio, la digitalización —y más ahora, en plena cuarta Revolución Industrial, en la que se está implantando el internet de las cosas—, las ventas, la logística, el comercio electrónico, las certificaciones, los equipos de trabajo y otros muchos.

Este libro ha tomado forma a lo largo de los dos últimos años gracias a la contribución de cientos de directivos y profesionales a los que hemos preparado para que sus empresas sean las mejores del sector. Sus páginas serán de gran ayuda a la hora de comprender todo cuanto debe saberse acerca de un método de mejora continua extremadamente potente, sostenible y exitoso, el sistema de gestión Lean Six Sigma.

La obra está dirigida a todas aquellas personas conscientes de que es preciso acometer cambios en su empresa y desean implementar un sistema de mejora continua que les permita mantenerse a la vanguardia. Conviene saber, no obstante, que muy pocas empresas —entre un 7 y un 10 %, aproximadamente— que emprenden este viaje y adoptan el sistema Lean Six Sigma alcanzan su objetivo y logran que los resultados se mantengan a largo plazo. Con todo, hemos estudiado durante las dos últimas décadas las razones por las que una empresa triunfa y otra fracasa en este proceso. Explicaremos con detalle las carencias que hemos encontrado y daremos las pautas necesarias para realizar con éxito ese cambio.

> Con este libro, nos comprometemos a que usted realice con pleno éxito
> este viaje a través del sistema de gestión Lean Six Sigma.

Nuestro cometido consiste en dar todas las indicaciones necesarias para implementar este sistema de gestión y convertirlo en una forma de vida. Recurriremos a ejemplos tomados de cientos de casos en diversos campos y empresas de muy diverso tamaño. Las soluciones que se presentan en este libro son tan sencillas como eficaces. Pero no se sorprenda por su simplicidad, sino por su potencia.

INTRODUCCIÓN

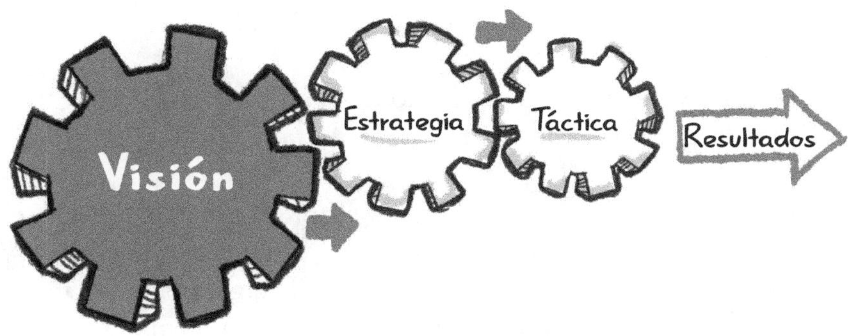

1   INTRODUCCIÓN

En este libro nos referiremos a empresas que han tenido problemas, pidieron ayuda y aceptaron nuestra humilde contribución mediante el sistema de gestión Lean Six Sigma y sus herramientas y metodología de apoyo. Sin embargo, a lo largo de estas páginas podrá comprobarse que no se trata de un par de recetas, sino de un sistema completo e incluso un estilo de vida que vale para cualquier tipo de empresa y no solo de gigantes como Motorola o General Electric. Se ha aplicado con éxito en todos los sectores sin importar el tamaño: desde un puesto de comida callejera que regentaba una sola persona hasta multinacionales. Los ejemplos tomados de ciertas empresas permiten explicar cómo se consiguieron ciertos tipos de resultados, pero nos hemos permitido omitir sus nombres, no porque nos lo hayamos inventado, sino para evitar que estos influyan en quien pudiera leer este libro. La experiencia nos ha demostrado que, si no los mencionamos, nos centramos más en la empresa que deseamos mejorar.

Daremos ejemplos de los siguientes sectores:

Producción
- Material sanitario.
- Piezas de automóviles.
- Productos alimenticios.
- Fabricación de maquinaria.
- Productos de metal y plástico.

Servicios
- Grupos hospitalarios.
- Banca.
- Concesionarios de automóviles y talleres de reparación.
- Restaurantes.
- Establecimientos de venta al por menor.
- Y muchos más.

Esperamos que alguna de estas empresas le resulte familiar. Con todo, el hecho de que se haya pasado por alto algún sector de actividad no significa que no puedan aplicarse estas medidas. El sistema de gestión Lean Six Sigma vale para todo tipo de empresas, con independencia de su tamaño, incluso si son de nueva creación.

Algunas personas, propietarias de empresas o que forman parte de sus órganos de dirección, que se pusieron en contacto con nosotros, durante la primera reunión en sus instalaciones, nos hicieron comentarios como estos:

«Bueno, la rotación de inventario y la eficiencia han aumentado…». Sin embargo, cuando les preguntamos si eso significaba que estaban ganando más dinero o disponían de mayor liquidez, respondían: «En realidad, no. Por el contrario, a medida que las ventas aumentaban, disminuían los ingresos y no hemos podido revertirlo».

«Nuestras ventas han bajado y nuestros costos han aumentado, por lo que nos estamos planteando salir del negocio.» En general, atribuían la situación a una feroz competencia.

«Hemos lanzado nuevos productos al mercado, pero las ventas son planas y las ganancias están disminuyendo.»

«Comenzamos con algunas medidas para mejorar la eficacia, pero aún no hemos visto los resultados en el balance final.»

Como puede verse, estos resultados, además de inaceptables, resultan desalentadores. No obstante, también nos hemos encontrado con directivos de empresas que han trabajado mucho durante las últimas décadas, que han logrado unos resultados sobresalientes junto con sus equipos, y que, aun así, y para nuestra sorpresa, nos han pedido que los apoyásemos para mejorar aún más. Hemos tenido la gran fortuna de capacitar, apoyar y asesorar a todo tipo de empresas, sean pequeñas, medianas, grandes o incluso multinacionales, en conjunto o en alguno de sus departamentos (ventas, desarrollo de productos, compras, almacén, producción, calidad, mantenimiento, logística, recursos humanos, servicio, etc.). Y siempre lo hemos considerado como una gran oportunidad para aprender del conocimiento, las dotes de liderazgo y el carácter de personas sin duda excepcionales.

También hemos tenido la ocasión de presentar todas estas cuestiones en conferencias que hemos leído en universidades importantes en las que hemos conocido a gente de la que hemos aprendido más de lo que hemos enseñado. Además, ahora sabemos cómo *no* se debe gestionar un negocio. Y eso nos ha animado a esforzarnos para desarrollar un enfoque sistémico.

En nuestra opinión, lo que lleva a una empresa a adoptar un sistema de gestión no es tanto una necesidad de aumentar las ventas como el deseo de mantener satisfechos a sus clientes y obtener mayores ganancias. Podemos asegurar que el sistema de gestión Lean Six Sigma produce unos beneficios más duraderos que cualquier otro.

Con todo, antes de aplicarlo, es preciso conocerlo bien y ser consciente de que exigirá mucha dedicación, disciplina y un seguimiento estricto de todo el proceso. El éxito dependerá en buena medida de que toda la empresa lo ponga en práctica, sobre todo la alta dirección, ya que solo de ese modo los resultados se mantendrán a largo plazo. Si no fuese así y se planteasen muchas resistencias a los cambios, la iniciativa fracasará. El sistema de gestión Lean Six Sigma requiere la participación de todos los departamentos y las personas clave de la empresa.

En el pasado, cuando una empresa quería mejorar su balance, se limitaba a incrementar los precios para obtener mayores ganancias. La maniobra daba resultado si el cliente aceptaba el envite y durante mucho tiempo se consideró la manera más adecuada de aumentar los beneficios o de reducir pérdidas en un momento determinado (véase el **gráfico 1**).

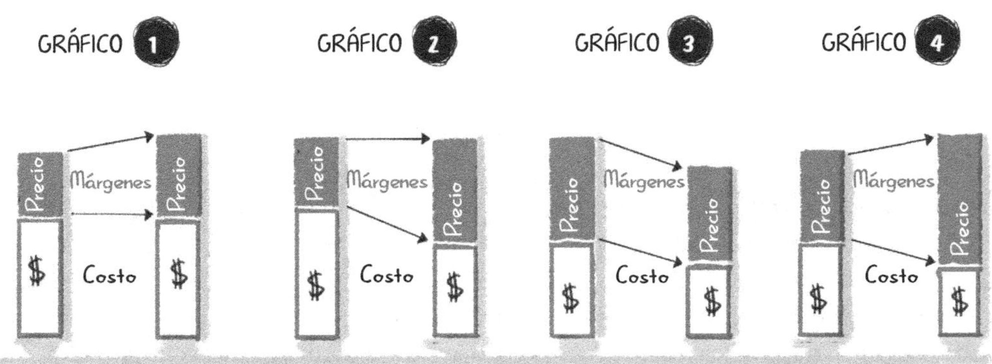

Sin embargo, tal como se muestra en el **gráfico 2,** el mercado determina cuánto está dispuesto a pagar, ya que siempre suele haber otras opciones que implican un aumento de la competencia. En tales casos, la única manera de aumentar los beneficios pasa por reducir costos. Y aquí comienza a tener sentido el sistema de gestión Lean Six Sigma.

Según el **gráfico 3,** las empresas deben diseñar sistemas para que, aun cuando reduzcan los precios, puedan mantener su nivel de ganancias. Solo las que dominen esta estrategia podrán permanecer en el mercado, aunque para conseguirlo se requiere un control de los costos muy preciso que, además, deberá evaluarse constantemente en relación con los precios.

El **gráfico 4** muestra la implementación, con pleno éxito, del sistema de gestión Lean Six Sigma. Hemos visto que las empresas pueden aumentar su capacidad de pago gracias a que brindan un servicio y una calidad constantes y, además, han reducido los costos para aumentar así los márgenes. La correlación que se aprecia en este gráfico constituye el objetivo que persigue el sistema de gestión Lean Six Sigma y es, sin duda, la razón por la que debería implementarse en una empresa, con independencia de su tamaño y de su titularidad, sea pública, privada o, incluso, una fundación. Estos detalles no importan: el método funciona en cualquier organización.

Aunque hemos hablado de aumentar la rentabilidad, conviene tener en cuenta que uno de los principales beneficios del sistema de gestión Lean Six Sigma radica en su capacidad para que las personas disfruten de una mayor calidad de vida. Para mucha gente, ir al trabajo es poco menos que ir a la guerra. Constituye un sufrimiento. Hay que enfrentarse a la burocracia interna, asumir unas condiciones laborales muy estresantes, buscar el modo de protegerse, demostrar que se es mejor que el resto y, en algunos casos, se pierde la vida en el intento. Tal como suena.

El sistema de gestión Lean Six Sigma mejora la calidad de vida durante esas ocho horas —si son ocho— que permanecemos en el trabajo. Ocho horas equivalen a un tercio del día y a un tercio de nuestra vida. Nuestra carrera profesional debería disfrutarse en las mejores condiciones posibles, ya que es el lugar donde podemos llevar a cabo nuestros sueños profesionales, que son una parte fundamental de nuestra existencia.

Disfrute de la lectura y disfrute del cambio. Solo de este modo conseguirá que su empresa sea la mejor en su clase mediante el sistema de gestión Lean Six Sigma.

1.1 ¿POR QUÉ HEMOS ESCRITO ESTE LIBRO Y QUÉ CONCLUSIONES DEBERÍAN EXTRAERSE DE SU LECTURA?

¿Por qué hemos escrito este libro?

Desde el momento en que Henry Ford aplicó su idea de eficiencia a la línea de montaje del modelo T a principios del siglo pasado y Toyota implementó su propio sistema de producción en 1970, muchas otras empresas han intentado copiar o desarrollar métodos similares.

Se han escrito miles de libros y millones de artículos sobre la gestión eficaz *(lean management),* así como sobre el método Six Sigma. Tanto una como otro son excelentes y, cuando se combinan, dan muy buenos resultados, ya que garantizan una mayor satisfacción del cliente, un mayor nivel de calidad, unos procesos mejores, una reducción del número de reclamaciones y unos mejores resultados al final de la jornada. Muchos directivos suelen pedirnos que les recomendemos alguna obra que les proporcione la información y la orientación necesarias para aprovechar con éxito el sistema Lean Six Sigma.

De hecho, no es fácil encontrar el libro o el artículo apropiados entre la amplia bibliografía disponible. En Amazon, por ejemplo, basta con teclear «Lean Six Sigma» para encontrar más de cinco mil referencias y, si se hace otro tanto en Google, el buscador arrojará más de sesenta millones de resultados, una cantidad increíble. Pese a todos los libros, artículos y vídeos en circulación, no hemos encontrado nada que ofrezca una aproximación tan llana, completa y directa como LEAN SIX SIGMA. SISTEMA DE GESTIÓN PARA LIDERAR EMPRESAS. Por esta razón nos hemos decidido a escribirlo y mostrar este método de una manera sencilla, práctica y fácil de entender.

Muchos intentos de implementación han fracasado porque los líderes suelen encargarse de contratar algún curso de formación, desarrollar ciertos proyectos, usar diversas herramientas y… esperar a que algo suceda. Sin embargo, falta un elemento: el sistema de gestión Lean Six Sigma. Por eso la mayor parte de las empresas que han iniciado el proceso acaban por volver al método anterior apenas han pasado uno o dos años.

La gran diferencia entre este libro y todos los demás estriba en que, con este, puede implementarse un sistema de gestión Lean Six Sigma real y sólido, capaz de adaptarse a las necesidades de la propia empresa y de mantenerse a lo largo del tiempo, y que brindará enormes beneficios a largo plazo.

¿A quién se dirige este libro?

A personas que poseen o dirigen una empresa, a responsables de la gerencia o a las que dirigen un equipo, con independencia de si trabajan en un negocio personal o en una compañía de medianas o grandes dimensiones. Las explicaciones, breves y directas, permiten aprender con rapidez los conceptos y principios básicos, y captar de inmediato los beneficios. Se detallan ejemplos de la vida real y se brinda la oportunidad de poner en práctica este sistema de gestión de muchas maneras, entre las que se incluyen varios ejercicios prácticos. Las personas a cargo de una empresa deben ser conscientes de los beneficios que puede ocasionar la implementación del sistema Lean Six Sigma en sus organizaciones.

Además, este tipo de iniciativa estratégica debe iniciarse desde arriba, pues de lo contrario fracasará. No basta con enviar a algunos cargos intermedios a un cursillo con la esperanza de que aprendan algo, apliquen lo aprendido sobre el Lean Six Sigma y se obtengan unos beneficios sustanciales.

Para que la implementación del sistema Lean Six Sigma tenga éxito a corto, medio y largo plazo, los líderes deberán inspirar, guiar y apoyar estas iniciativas para que formen parte de los valores, la misión y la estrategia de la empresa.

Puntos clave

Nos comprometemos a tratar las siguientes cuestiones:

- ¿Qué significa un sistema de gestión eficaz, así como lo que implica el método Lean Six Sigma?
- ¿Cómo se implementa el sistema de gestión Lean Six Sigma?
- ¿Cuáles son las ideas falsas que circulan sobre Lean Six Sigma?
- ¿En qué consiste, paso a paso, una implementación exitosa?
- ¿Cuáles son los beneficios y qué inversiones se requieren?
- ¿Cuáles son las herramientas clave?
- ¿En qué consisten los recursos, la dedicación y la disciplina necesarios?
- ¿Qué grado de compromiso se requiere por parte de la empresa y la dirección?
- ¿Cómo evitar riesgos y escollos?
- ¿Cómo comenzar con éxito o cómo retomar un negocio paso a paso?
- ¿Qué riesgos y beneficios depara la industria 4.0, basada en el internet de las cosas?
- ¿Cómo es posible que el sistema dé buenos resultados en cualquier sector y en cualquier tipo de empresa?
- ¿Por qué usted no debería perder más tiempo e implementar este sistema de inmediato?

Organización del libro

Hemos desarrollado un procedimiento que permita la comprensión y la implementación en la organización de la empresa de cada uno de los puntos clave del sistema de gestión eficaz Lean Six Sigma. A menos que se indique lo contrario, a la hora de explicar cada herramienta, seguiremos estos pasos:

√	**Situación**	¿En qué contexto debe aplicarse?
√	**Acerca de**	¿De qué se trata?
√	**Beneficios**	¿Qué beneficios proporcionará?
√	**Elementos**	¿Cuáles son los elementos clave?
√	**Funciones**	¿Quién debe encargarse de la tarea?
√	**Aplicación**	¿Cuándo debe aplicarse?
√	**Procedimiento**	¿Qué pasos deben seguirse?
√	**Tiempo**	¿Cuánto tiempo se necesita para implementar esta medida?
√	**Ejemplos**	¿En qué casos de la vida real se ha aplicado?
√	**Implementación**	Ejercicios para poner en práctica esta medida.

1.2   EL MODELO DE MADUREZ DE EMPRESA LEAN SIX SIGMA

El siguiente modelo resulta muy útil para comprender cómo se desarrollan las empresas y cómo se diseñan, evalúan y mejoran mediante los **ciclos de adaptación y mejora,** en los que, fase tras fase, se recurre a herramientas estratégicas y tácticas para lograr un sistema de gestión Lean Six Sigma duradero.

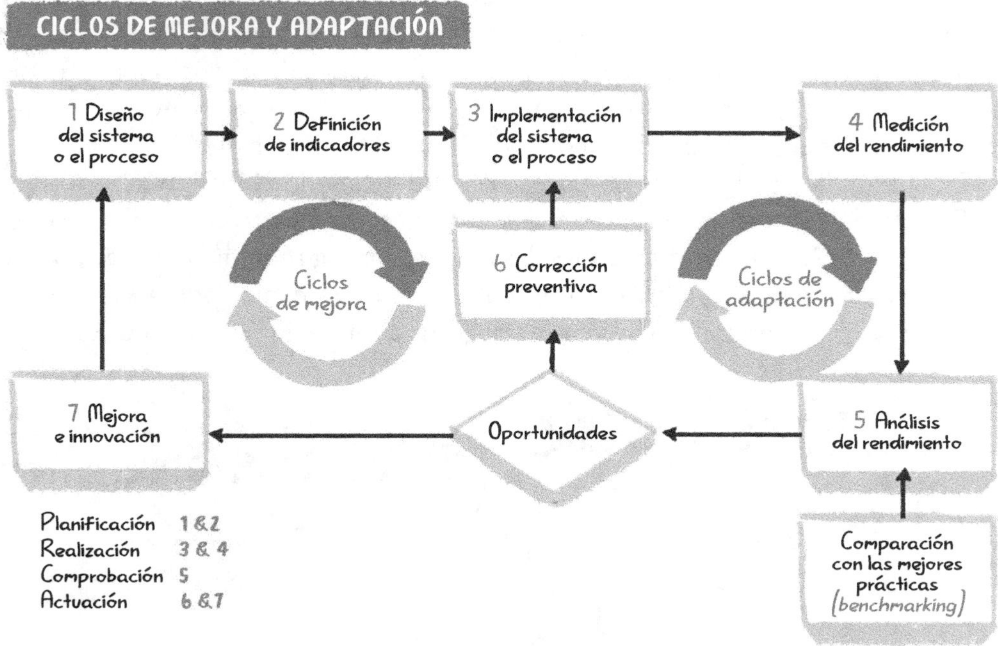

1 El primer paso se centra en el diseño y la creación de sistemas, productos, modelos de negocio, estructuras, estrategias, proyectos, etc., con el objeto de que el mercado los acepte y tengan el éxito necesario como para que puedan llevarse durante los años siguientes.

2 Se definen los indicadores de rendimiento para evaluar de manera periódica los resultados de la empresa.

3 Se implementan proyectos y planes para desarrollar nuevos sistemas, productos y procesos, o bien para cambiar algo, resolver un problema o mejorar el sistema.

4 Una vez que el proceso se ha puesto en marcha, se mide el rendimiento en función de los indicadores ya definidos.

5 Durante la fase de análisis, el equipo revisa los resultados y selecciona acciones, métodos y herramientas de acuerdo con la situación actual.

6   Las primeras acciones suelen ser correctivas, ya que aparecerán muchos problemas que deben resolverse con celeridad y, además, hay que prevenir problemas futuros. Ha comenzado el ciclo de adaptación.

7   Las acciones de mejora se inician cuando la empresa pasa al siguiente nivel para lograr los objetivos principales. Se distinguen dos tipos: las orientadas a la mejora continua (o *kaizen)* y las orientadas a la innovación *(kaikaku).*

Los números que aparecen en la figura anterior se refieren al PDCA: los pasos 1 y 2, a la *Planificación;* los 3 y 4, al *Desarrollo;* el 5, a la *Comprobación* y el 6 y el 7, a la *Actuación.* En términos generales, se recurre al ciclo de adaptación para acometer un proceso nuevo, iniciar un nuevo negocio o para mejorar o innovar en ciertos procesos que se encuentran en un estado de desarrollo más maduro.

En la siguiente tabla puede observarse el **ciclo de adaptación PDCA.**

El ciclo de adaptación deberá repetirse una y otra vez hasta que se alcancen los indicadores de rendimiento. Después, las mejoras proseguirán día tras día y, por lo tanto, se aumentará el rendimiento. A partir de ese momento, podrá establecerse una comparación con las mejores empresas del mercado e incluso superarlas.

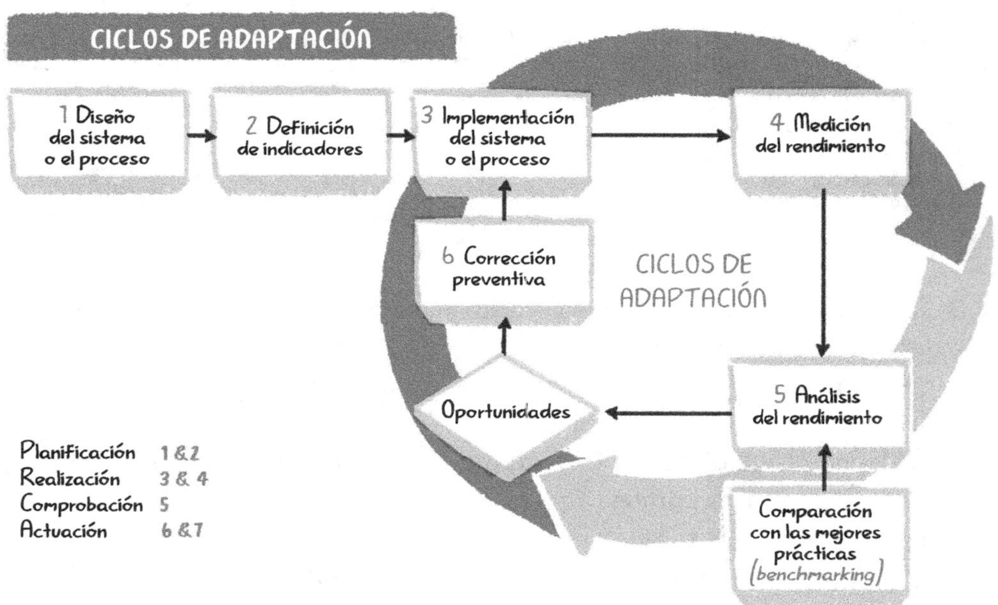

En cambio, cuando se desea dar un gran paso adelante mediante nuevas tecnologías, nuevos procesos o nuevos productos, habrá que recurrir al **ciclo de mejora PDCA.**

Para conseguirlo, el proceso debe cambiarse por completo. Una vez completado el ciclo, habrá que volver al ciclo de adaptación para continuar mejorando.

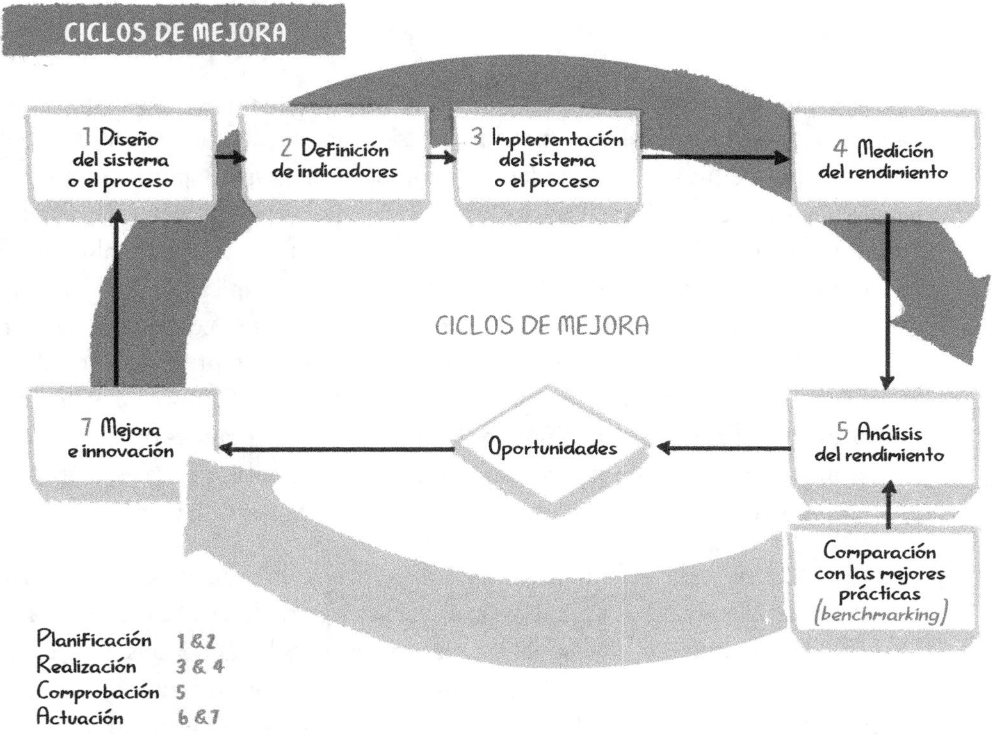

En los capítulos 2 y 3 se detallan las herramientas estratégicas y tácticas que se emplean en las diferentes fases de los ciclos PDCA.

Niveles de madurez

El nivel de madurez de una empresa define el modo en que los líderes crean, desarrollan y mantienen un sistema de gestión Lean Six Sigma para obtener resultados en función de la rapidez con que todas las personas de la organización aprenden y utilizan nuevos métodos y herramientas. Dicho de otro modo, ese nivel de madurez da cuenta de hasta qué punto se ha implantado una cultura de gestión Lean Six Sigma en la empresa.

Conviene saber en qué nivel se encuentra la empresa para definir los pasos correctos para que la implementación se lleve a cabo con éxito.

Nivel 1   **Inicio:** empresas tradicionales (no eficientes).
Nivel 2   **Desarrollo:** introducción (primeros pasos en la gestión eficiente).
Nivel 3   **Confianza:** crecimiento.
Nivel 4   **Competencia:** madurez.
Nivel 5   **Excelencia:** empresas de primera línea.

1 **Inicio.** Tal sería la situación de una empresa que acaba de crearse, ha definido todos sus procesos, ha diseñado sus productos y sistemas, ha definido sus indicadores clave de rendimiento y lo está implementando todo. Asimismo, podría tratarse de una empresa con una larga trayectoria en negocios, pero que no ha implementado el sistema Lean Six Sigma. Las empresas tradicionales no suelen estar al tanto de estos nuevos métodos. Quizás alguien, entre las personas empleadas, haya oído hablar acerca de esas técnicas, pero no las conoce muy bien. Sea como fuere, en este nivel no se ha puesto en práctica, al menos de manera coherente, ni el método ni las herramientas necesarias para la prevención y resolución de problemas, ni tampoco para la mejora o la innovación. Por lo general, existen grandes oportunidades en términos de resultados potenciales y no se aprecian cambios en la estructura ni en la mentalidad de la empresa que lleven a una mejora continua.

2 **Desarrollo.** La empresa ha comenzado a implementar las herramientas que brinda el sistema Lean Six Sigma. Los miembros clave de la empresa han realizado un programa de formación inicial y la filosofía, la metodología y las herramientas del método se conocen, al menos, en los cuadros vinculados a la gestión. Algunas iniciativas y proyectos piloto han comenzado y los primeros buenos resultados muestran que se trata de una estrategia poderosa. Comienzan a implementarse los ciclos de adaptación con la ayuda de herramientas que permiten resolver y prevenir problemas.

3 **Confianza.** La empresa ha comenzado a adoptar la cultura Lean Six Sigma. En este nivel, se mide y se analiza constantemente el rendimiento, y se desarrollan continuamente acciones correctivas, preventivas, de mejora y de innovación. Los resultados muestran que, cada vez que se cubren más procesos dentro de la empresa, mejoran los resultados y la plantilla se muestra más motivada. Los ciclos de innovación y mejora continua son habituales, y más de la mitad de las personas contratadas se mueve en la dirección correcta.

4 **Competencia.** La empresa ya ha definido la mayoría de los procesos, tiene una estrategia clara y ha ejecutado la planificación estratégica. En este nivel, la mayoría de las personas en la organización conocen el sistema Lean Six Sigma y ponen en práctica tanto el método como las diversas herramientas que

ofrece. Los ciclos de mejora e innovación son habituales y, de vez en cuando, se ponen en marcha algunos ciclos de adaptación.

5 **Excelencia.** La empresa se ha convertido en un referente para la industria, los clientes están encantados y los resultados muestran que posee una ventaja frente a sus competidores. Tras llegar a este nivel, puede considerársela una auténtica empresa Lean Six Sigma.

El camino hacia la empresa Lean Six Sigma

Imagine un sistema de gestión que anime a todos los miembros de la empresa para que acometan los cambios necesarios para que la organización se mantenga en movimiento. En una empresa Lean Six Sigma, el sistema se extiende a todas las áreas y todos los niveles de organización. Posee un componente estratégico cuyas herramientas se describen en el capítulo 2 y otro táctico que se verá con detenimiento en el capítulo 3.

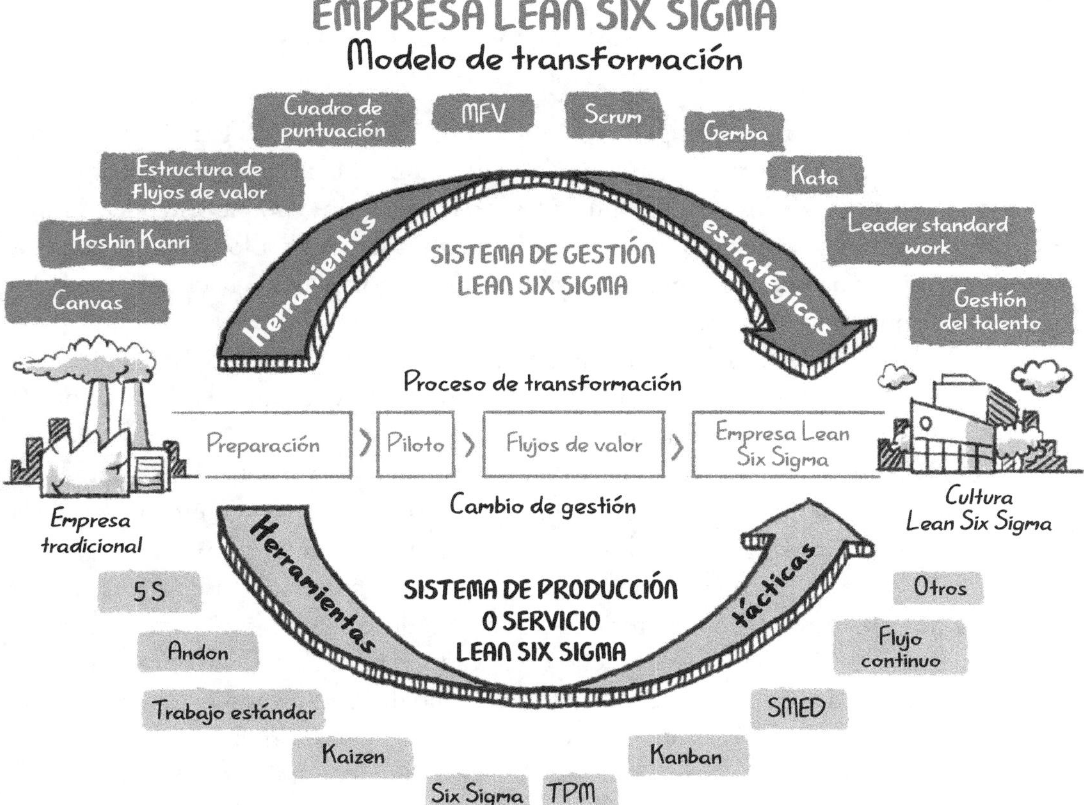

Este libro permite comprender cómo puede pasarse de un enfoque tradicional a otro plenamente exitoso basado en el sistema Lean Six Sigma. Suele hacerse más hincapié en los aspectos relacionados con la formación y la implementación de la parte más táctica del sistema, sin prestar demasiada atención a la estrategia. Por desgracia, en esas ocasiones, no se tiene en cuenta que precisamente ese descuido es una de las razones principales por las que muchas veces se fracasa al aplicar este sistema.

El eslabón perdido

Muchas de las organizaciones que se deciden a adoptar el sistema Lean Six Sigma descuidan un detalle crucial: no observan el sistema como un todo unificado que combina las herramientas tácticas con las estratégicas. El proceso de transformación guiará a la empresa a través de las fases de preparación, prueba piloto y flujos de valor hasta el momento en que se consolide una cultura empresarial nueva que la convierta en una auténtica empresa Lean Six Sigma.

En el capítulo 4 se explica el proceso de transformación con más detenimiento.

El sistema Lean Six Sigma debe incluir todos los procesos, no solo los productivos u operativos.

Como puede verse en la figura siguiente, el sistema Lean Six Sigma afecta a todos los procesos de la empresa y no solo a la fabricación, al contrario de lo que piensan muchas personas de los equipos directivos. Se requiere un enfoque sistémico ya que todos los elementos deben trabajar al unísono para satisfacer a los clientes externos e internos y, por lo tanto, aprovechar al máximo el potencial de la empresa y de las personas que trabajan en ella.

El sistema de gestión Lean Six Sigma puede aplicarse en todo tipo de empresas, tanto da su tamaño, el sector en el que operen o si se dedican a la fabricación de productos o a la prestación de servicios.

Uno de nuestros clientes nos dijo una vez que su empresa debería haber adoptado el sistema Lean Six Sigma desde el principio. Ahora, gracias al conocimiento y la experiencia acumulados, todo el mundo lo tiene al alcance de la mano.

Por lo general, quienes se forman en el sistema y muestran su competencia en uno o dos proyectos de mejora reciben un certificado. Sin embargo, es mucho mejor plantearse la posibilidad de que dicho certificado se adjudique a la propia empresa. Solo de ese modo se conocerá el nivel de desarrollo de la empresa y se tendrá la plena seguridad de que todo el mundo posee la capacitación necesaria.

En el capítulo 4 se ofrece más información sobre los certificados Lean Six Sigma para empresas.

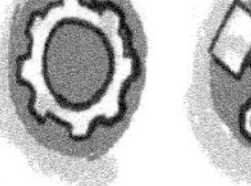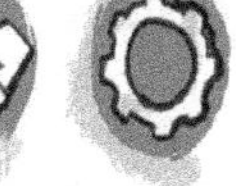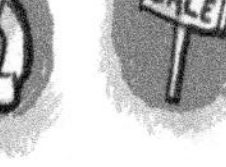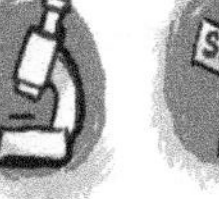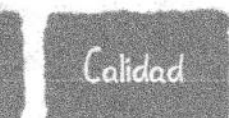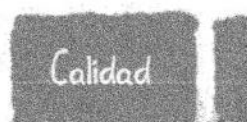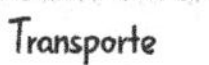

EMPRESA LEAN SIX SIGMA

HERRAMIENTAS ESTRATÉGICAS
Hoshin Kanri
Estructura de flujos de valor
Gestión del talento
Gestión de proyectos ágil
Trabajo estándar para líderes
Kata
Gemba Walks

HERRAMIENTAS TÁCTICAS
5S
Gestión visual (Andon)
Trabajo estándar
Gestión de personal

LEAN
SIX SIGMA
DMAMC
Herramientas

Alta dirección
Recursos humanos
Investigación y desarrollo
Ventas y marketing
Contabilidad y Finanzas
Compras
Servicio
Producción
Mantenimiento
Logística
Calidad
TIC

HERRAMIENTAS ESTRATÉGICAS

HERRAMIENTAS TÁCTICAS

Alta dirección
Recursos humanos
Investigación y desarrollo
Ventas y marketing
Contabilidad y Finanzas
Compras
Servicio
Producción
Mantenimiento
Logística
Calidad
TIC

Planificación
Gestión estratégica
Toma de decisiones

Atracción del talento
Desarrollo del talento

Desarrollo de producto
Lean startup
Diseño para Six Sigma

Campañas de marketing
Seguimiento
Adjudicación de precios
Lean retail

Presupuesto
Contabilidad de costos
Inventario
Nóminas
Facturación
Crédito
Contabilidad de pagos
Estados Financieros

Desarrollo de proveedores
Compras
Almacén

Servicio Lean

Producción Lean

Autónomo
Preventivo
Predictivo
Energía

Entrada
Almacén
Planificación de ruta
Carga
Transporte

Despliegue de calidad
Sistemas de calidad
Calibración

Hardware
Software
Comunicación
XXXX

1.3   PRINCIPIOS SOBRE LOS QUE SE FUNDAMENTA EL MODELO DE EMPRESA LEAN SIX SIGMA

El sistema de producción de Toyota (TPS) ha tenido gran éxito porque se basa en los cuatro principios que Jeffrey Liker en su libro *The Toyota way*. Esos principios son esenciales para emprender el camino que llevará a la adopción del sistema Lean Six Sigma.

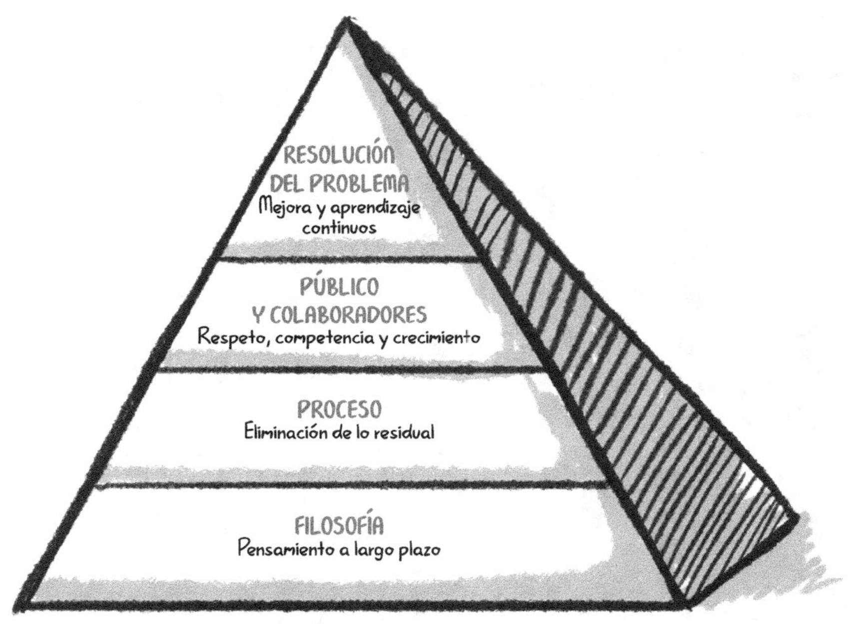

1 **Filosofía:** en el nivel más básico, los líderes conciben la empresa como un medio para agregar valor a los clientes, a la plantilla, a los propietarios y a la sociedad en general. Las decisiones deben tomarse a largo plazo, incluso a expensas de los resultados financieros a corto plazo.

2 **Proceso:** un proceso correcto producirá resultados correctos. Este libro describe las herramientas necesarias para mejorar la eficiencia y la productividad de la empresa mediante la eliminación de todas las formas de desperdicio. Dicho objetivo puede conseguirse implementando un sistema *pull* que evite la sobreproducción, afine las tareas, cree un método con el que solucionar los problemas de raíz, estandarice las tareas para una mejora continua gracias al

uso de elementos visuales que impidan que cualquier anomalía pase desapercibida y emplee solo una tecnología fiable que ayude tanto a los procesos como a las personas que toman parte en ellos.

3 **Público y colaboradores:** hay que seleccionar y desarrollar líderes que realmente entiendan ese trabajo, vivan esa filosofía y puedan enseñarla a otras personas. Asimismo, hay que crear equipos con miembros que sigan la filosofía de la empresa y respeten a socios y empresas proveedoras, y si bien debemos desafiarlos para que alcancen un nivel de rendimiento superior, es preciso que los ayudemos para que tengan éxito, enseñándoles e implementando mejoras en toda la cadena de suministro.

4 **Resolución del problema:** en lugar de quedarse en la sala de reuniones, hay ir al lugar donde suceden las cosas *(gemba)* para que todo el mundo entienda la situación y pueda tomarse una decisión meditada y consensuada que permita adoptar un enfoque sistémico, implementar soluciones con rapidez y, finalmente, conseguir que la empresa se convierta en una organización que aprenda mediante la reflexión y la mejora continuas.

1.4   ¿EN QUÉ CONSISTE REALMENTE EL MÉTODO LEAN SIX SIGMA?

En pocas palabras, esta sería la definición de algunos de los términos principales:

- **Lean = eficiencia y velocidad** (herramientas y métodos para aumentar la velocidad en los procesos).
- **Six Sigma = calidad** (proceso estadístico para aumentar la calidad).
- **Lean Six Sigma** (la combinación permite aumentar la velocidad y la calidad, y conseguir que cualquier proceso sea más ágil, productivo y rentable).
- **Sistema de gestión Lean Six Sigma** (un sistema de gestión sólido e integrado en toda la empresa para toda la empresa).

Producción y servicios eficaces

Durante varios años, el Dr. James P. Womack y sus colegas en el Instituto de Tecnología de Massachusetts (MIT) realizaron diversos estudios sobre la industria del automóvil para desarrollar un modelo de eficacia que fuese más allá de las meras herramientas y permitiese la creación de empresas sanas y ágiles mediante la eli-

minación de cualquier tipo de residuo. Aquellos estudios comparaban las mejores prácticas de trabajo en Estados Unidos, en Japón así como en otros países para comprender las diferencias, similitudes y, especialmente, los factores de éxito y fracaso en las empresas que desean implementarlas.

El concepto de eficiencia *(lean,* en inglés) encierra toda una filosofía de trabajo y pensamiento a largo plazo que busca la satisfacción del cliente y una rentabilidad sostenida. Se basa en el trabajo colaborativo y el desarrollo del personal mediante el uso de herramientas que aseguren una mejora continua con el fin de desarrollar procesos de flujo continuo, flexible y estable que proporcionen a los clientes lo que necesitan cuando lo necesitan, nunca antes o después. Puede definirse como un proceso continuo y sistemático de identificación y eliminación de elementos superfluos o redundantes —los residuos o desperdicios a los que se alude en este libro, es decir, cualquier actividad que no agregue valor en el proceso, pero que aumente costos y mano de obra.

Six Sigma

Con este término se conoce una filosofía empresarial centrada en la satisfacción del cliente. Utiliza una metodología que reduce el desperdicio al reducir la variación en los procesos mediante herramientas estadísticas y administrativas, y mejora significativamente la calidad en cualquier proceso.

El sistema Six Sigma lo desarrolló a finales de la década de 1980 cuando se vio en la necesidad de igualar o superar a sus competidores japoneses, que habían alcanzado un nivel de calidad cuatro sigma (99 partes por millón de buenos productos) en un momento en que la industria se encontraba todavía en el nivel tres sigma (93 ppm).

La letra griega sigma (σ) se emplea para medir la variación estadística. El sistema Six Sigma se basa en la metodología DMAMC (DMAIC, en inglés), que permite desarrollar mejoras siguiendo estos pasos:

- **Definición:** del problema, del valor para el cliente, del equipo y del proyecto.
- **Medición:** del rendimiento mediante un mapa del proceso en el que se determine la fiabilidad de los datos.
- **Análisis:** en el que se identifican las fuentes de variación y las raíces del problema.
- **Mejora:** desarrollo de cambios para mejorar el rendimiento.
- **Controlar:** para mantener las mejoras realizadas.

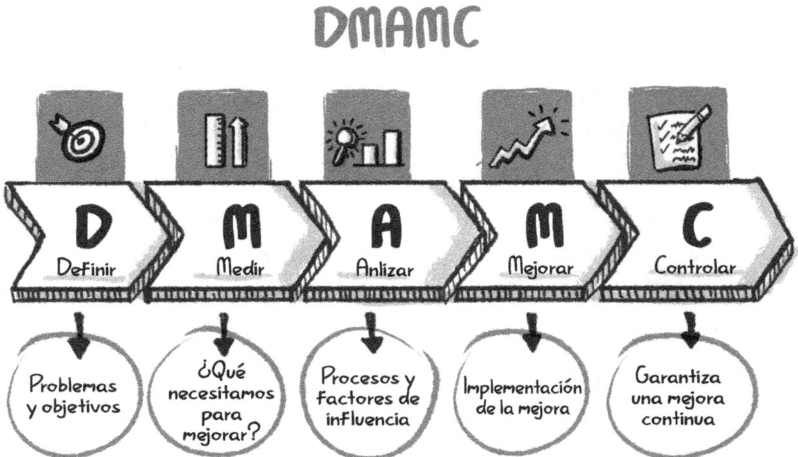

Si se combina el sistema Lean Six Sigma con otros elementos, puede convertirse en una filosofía, una metodología y un conjunto de herramientas muy potentes que permitan integrar la experiencia acumulada durante todo el proceso de mejora. Se trata, pues, de un sistema muy simple y eficaz con el que diseñar y administrar cualquier empresa, con independencia de su tamaño o su especialidad, teniendo en cuenta cada uno de sus aspectos organizativos, desde el proceso de diseño del plan hasta el producto, pasando por la comercialización, la logística, la fabricación, los servicios, el apoyo administrativo, la contabilidad, la calidad, los sistemas de información, la ingeniería y el mantenimiento.

Aplicaciones del sistema Lean Six Sigma en diferentes sectores

El sistema de gestión Lean Six Sigma puede proporcionar una ventaja competitiva significativa. Por eso se ha convertido en una de las iniciativas y de las estrategias más importantes para las empresas que están logrando avances.

La filosofía Lean Six Sigma puede aplicarse prácticamente a cualquier sector. Tanto da si se trata de una empresa vinculada a la agricultura, la automoción, la construcción, la hostelería, la minería, la sanidad, las nuevas tecnologías, la educación, la banca, la consultoría o la Administración Pública.

Confusiones acerca del sistema Lean Six Sigma

- Six Sigma es lo mismo que la gestión de calidad total (*total quality management,* TQM).

- Six Sigma es demasiado estadístico para procesos transaccionales. Solo debe utilizarse para los procesos de producción.
- Los proyectos Six Sigma tardan demasiado en completarse
- El sistema Lean Six Sigma es demasiado complicado para ciertas empresas.
- El sistema Lean Six Sigma solo sirve para la producción, no para la ingeniería o los servicios.
- El sistema Lean Sigma solo sirve para mejorar la producción, no para el desarrollo de procesos o productos
- El sistema Lean Six Sigma no sirve para investigación y desarrollo, ya que limita la creatividad.
- Un programa de cero defectos es mejor que el sistema Six Sigma, ya que este presenta un índice de fallos de 3 a 4 ppm.
- El sistema Lean Six Sigma es caro y reduce los márgenes de beneficio.
- El sistema Lean Six Sigma es una herramienta japonesa o estadounidense que no funciona en Europa.

Quien desee aplicar este sistema deberá enfrentarse a comentarios de este tipo. Es importante conocerlo bien y responder adecuadamente.

A veces, hemos tenido discusiones sobre ideas erróneas que se repiten una y otra vez hasta que llega el momento de implementar un proyecto de mejora basado en el sistema Lean Six Sigma. Una vez que este se pone en marcha y la plantilla nota los resultados —tanto en el aspecto más personal como en el que afecta a la empresa—, esas ideas comienzan a desaparecer. Por ello, basta con tenerlas en cuenta y responder de la manera adecuada.

1.5   LA TEORÍA DE LAS RESTRICCIONES

A la hora de implementar el sistema Lean Six Sigma, hay que atender a las principales limitaciones. La teoría de las restricciones es uno de los elementos clave a la hora de obtener grandes resultados en un tiempo récord.

Muchas empresas han implementado sistemas de mejora, pero solo algunas han tenido éxito gracias a su visión clara, su enfoque, su dedicación y su persistencia. La teoría de las restricciones ayuda a lograr resultados a largo plazo en la medida en que se centra en la limitación principal y ayuda a las empresas a determinar en qué punto deben concentrar sus esfuerzos de mejora desde un punto de vista sistémico.

En la década de 1980, el Dr. Eliyahu M. Goldratt presentó en su libro *The goal (La meta: un proceso de mejora continua)* la *theory of constraints* (TOC), conocida en español como *teoría de las restricciones* o *de las limitaciones*. En su obra, el Dr. Goldratt explica cómo desarrollar una filosofía de gestión que establezca prioridades y se centre en aquellas áreas o actividades con las que una empresa puede alcanzar su máximo potencial. Las empresas eficientes pueden conseguirlo si saben determinar qué limita su crecimiento y aplican la solución adecuada. Las restricciones, pues, serán todos aquellos aspectos que limiten a un sistema a lograr un mejor desempeño con respecto a su objetivo. Por eso la teoría de las restricciones es tan importante a la hora de transformar la cultura de una empresa.

Las empresas son más productivas solo cuando:
- Aumentan las ventas o el rendimiento.
- Reducen su inventario.
- Disminuyen los gastos operativos.

Puntos clave para la teoría de las restricciones:
- Una restricción determina el ritmo de los procesos.
- Una hora perdida a causa de una restricción es una hora perdida en todo el sistema.
- Ningún recurso debe estar inactivo, pues de lo contrario generará una gran cantidad de residuos.

Tipos de restricciones:
- Físicas: personas, máquinas, tamaño de almacén, etc.
- No físicas: demanda del mercado, procedimientos, políticas, modo de pensar, etc.

¿Qué tipo de resultados pueden obtenerse cuando se recurre al **Lean Six Sigma y la teoría de las restricciones** para buscar los elementos más críticos de un sistema? Los datos recopilados de 82 empresas —incluidas grandes corporaciones como Boeing y General Motors y diversas compañías de servicios— arrojan los siguientes resultados:

- Reducción de los plazos de entrega en un 50 %.
- Reducción del inventario en un 49 %.
- Incremento de los beneficios netos en un 40 %.
- Mejora de las entregas a tiempo en un 44 %.
- Aumento de las ventas en un 63 %.

Sin duda, se trata de unas mejoras sorprendentes. En el resto del libro, asumiremos que toda mejora pasa por la eliminación de las principales limitaciones.

1.6   LOS RESIDUOS *(MUDA)* Y LA EMPRESA OCULTA

El sistema de gestión Lean Six Sigma brinda unos resultados excelentes siempre y cuando podamos identificar y eliminar los residuos que se generan en cada fase del flujo de valor. Este apartado posee una importancia especial en la medida en que explica unas primeras medidas para buscar de manera integral los residuos o las limitaciones que afectan a la productividad en cada fase y en cada área de la empresa.

En muchas empresas, la implementación de un sistema eficiente se centra solo en la búsqueda de residuos en el proceso de fabricación. Sin embargo, a veces, las limitaciones principales de una empresa se encuentran en los procesos de apoyo, como la comercialización, el diseño de productos, las finanzas, el mantenimiento y el servicio, entre otros. Podría decirse que el sistema de gestión Lean Six Sigma se centra en la eliminación o en la reducción a largo plazo de tres escollos que debe evitar la productividad en cualquier área de la empresa:

I   **La sobrecarga**   II   **Los residuos**   III   **La variabilidad**

I   La sobrecarga

La productividad empresarial se reduce cuando las personas o las máquinas se ven obligadas a trabajar por encima de sus capacidades. Por lo general, esa sobrecarga se da en:

- ***Las personas.*** Cuando se les exige por encima de sus capacidades o cuando se las obliga a trabajar más de lo que su atención o sus fuerzas permiten. Nos es raro encontrarse con casos de personas que trabajan más de doce horas constantemente, sometidas a un gran estrés para conseguir los resultados que se espera, obligadas a acudir a un sinfín de reuniones que limitan un tiempo valioso e inmersas en un entorno hostil en el que trabajar parece poco menos que ir a la guerra (condiciones poco salubres, trabajo pesado o sucio, etc.). Las empresas cuyas plantillas se ven obligadas a vivir en estas condiciones resultan muy tóxicas.

- ***El equipo.*** Cuando los equipos —maquinaria, vehículos, aparatos informáticos, etc.— se ven obligados a trabajar a una capacidad mayor que la recomendada, en condiciones de mantenimiento insuficiente y con materiales o combustibles inadecuados, se reduce su vida útil y se convierten en una fuente de accidentes o riesgos.

- ***Las empresas proveedoras.*** Cuando se les exige que trabajen más allá de sus capacidades y limitaciones.

Si se tiene la capacidad de construir un sistema de trabajo que dé lugar a un entorno repleto de desafíos pero en el que trabajar resulte placentero, se contribuirá a que la sociedad sea mejor y a que las personas que forman la plantilla tengan una visión más trascendente de su vida.

II   Los residuos *(muda)*

Muda es una palabra japonesa que significa «desperdicio» o «sin valor», algo por lo que nadie quiere pagar. La reducción de los residuos o los *muda* es una forma efectiva de aumentar la rentabilidad.

Desde el punto de vista de un cliente, un trabajo valioso es un proceso que agrega valor al producir bienes o brindar un servicio por el cual el cliente está dispuesto a pagar. Sin embargo, *muda* es cualquier proceso que consume más recursos de los necesarios y produce desechos. El desperdicio reduce la productividad. Por lo tanto, si se reconoce y se elimina el desperdicio, se aumentará el nivel de productividad.

Uno de los principales objetivos de una empresa basada en el sistema Lean Six Sigma es conocer, detectar y eliminar sistemáticamente todos los desechos de cada proceso, ya que estos reducen la capacidad y constituyen un grave problema para la gerencia, los mandos intermedios y la plantilla de la empresa en general.

Para comprender en qué consiste ese desperdicio, es conveniente explicar primero cuáles son las actividades que aportan valor añadido. Como se ha indicado antes, son aquellas por las que se produce un bien o servicio que el cliente está dispuesto a pagar. El residuo o el exceso sería cualquier otro esfuerzo que se realizase en la empresa que no fuese absolutamente esencial para agregar valor al producto o servicio, según lo requiera el cliente. Estos aumentan los costos y disminuyen el nivel de servicio, y en consecuencia afectan a los resultados de la empresa.

Los diez principales tipos de residuos

Superproducción

Básicamente, la sobreproducción significa:

- Producir un activo o un servicio más de lo que se necesita o antes de que sea necesario.
- Producir un activo o un servicio con mayor rapidez de lo que se requiere.

Exceso de inventario

Todos los materiales, tareas o productos terminados que exceden a cuanto se considera necesario para satisfacer la demanda del cliente.

- El exceso de inventario se utiliza para cubrir algunas ineficiencias de la empresa.

Defectos y repetición de tareas

La pérdida de recursos cuando se produce un artículo o un servicio defectuosos.

- Demasiada gente que inspecciona, trabaja o repara.
- Acumulación de inventario con vistas a una futura reelaboración.
- Calidad cuestionable del producto o del servicio.
- Poca interacción entre clientes y proveedores.

Movimientos innecesarios

Personas que se mueven de un punto a otro en el lugar de trabajo o en toda la empresa más allá de lo necesario para aportar valor al producto (a menos que este movimiento contribuya a la transformación o el beneficio para el cliente).

- Gente que va de un lado a otro en busca de materiales.
- Persona que va de un lado a otro en busca de otra persona.
- Gente que va de un lado a otro en busca de herramientas.
- Persona que va de un lado a otro en busca de documentos o información necesaria.

Actividades innecesarias

Trabajo superfluo, pues no proporciona valor ni las normas lo prescriben.

- Existencia aparente de varios cuellos de botella en el proceso.
- Falta de especificaciones claras por parte del cliente.
- Exceso de inspecciones o verificaciones.

Esperas y búsquedas

Tiempo que se pierde mientras se esperan instrucciones, documentos, materiales, herramientas, etc., o cuando una tarea obliga a buscar algo.

- Quien se encarga de la máquina aguarda a que esta termine su ciclo de procesamiento.
- La máquina espera a que la persona a su cargo finalice su ciclo.
- Hora de iniciar un servicio o una tarea de producción.

Transporte de materiales y herramientas

Todos los movimientos de materiales que no contribuyen directamente a un servicio o una tarea de producción.

- Exceso de manejo de equipo o material en carretillas elevadoras.
- Cintas transportadoras largas, rampas o tuberías.
- Demasiados lugares de almacenamiento.

Talento desperdiciado

Conocimiento, experiencia, creatividad e ideas innovadoras que no se comparten ni se utilizan.

- El personal no se siente valorado.
- Inseguridad a la hora de proponer nuevas ideas.
- Pocas o ninguna sugerencia de mejora por persona al año.
- Inestabilidad y alta rotación de personas.

Energía desperdiciada

Con frecuencia, las empresas desperdician energía y ni siquiera se dan cuenta. La energía es a menudo un fluido que se transforma en trabajo como el gas, el combustible o la electricidad.

- Muchas fugas de aire en la planta.
- Instalación incorrecta de las máquinas (cableado, redes, etc.).
- Inicio incorrecto de cada equipo.

Contaminación

- Generación de residuos peligrosos sin control adecuado.
- Emisiones que contaminan el aire.
- Contaminación del agua (con tratamiento inadecuado o sin tratamiento).
- Emisión de polvo contaminante.

¿Ha medido usted los residuos de su empresa?

III   Variabilidad

La variabilidad total de cualquier proceso es el resultado de la variación que causan las máquinas, los materiales, las personas, los métodos, etc. La combinación de todas estas variaciones repercute en el tiempo, la calidad y otros factores. La variabilidad es uno de los peores enemigos de la productividad porque no puede calcularse con facilidad. En su lugar, suele recurrirse a la media. La razón es evidente. Basta con pensar en los numerosos indicadores de una empresa: la media de las ventas, la media del tiempo de entrega, la media del costo, etc. Sin embargo, que el tiempo medio de entrega sea de cuatro días implica que unas veces la operación se realiza en un día y otras, en siete. Como puede verse, la media puede llevar a conclusiones equivocadas.

Por lo tanto, es muy importante entender los componentes de la variación. El sistema Six Sigma se desarrolló para medir la variación y comprender los elementos que la componen y que, cuando se combinan, dan como resultado una variación total. Si se controla la variación de las diferentes variables (personas, máquinas, materiales, etc.), el resultado de salida será mejor (realizar entregas a tiempo, alcanzar el costo objetivo, lograr la calidad esperada, etc.).

Podría calcularse así: $Y = f(x)$.

Donde Y es el resultado deseado de un proceso (el nivel de alta calidad o de costo objetivo) y x representa cualquier combinación de entradas (máquinas, mano de obra o material).

¿Qué es una «empresa oculta»?

La expresión se emplea para referirse a todas aquellas actividades que reducen la calidad o la eficiencia de una operación que forma parte de un proceso de producción o de realización de un servicio, y que, por cualquier razón, pasa desapercibida ante los administradores, permanece oculta mientras se intenta mejorar el proceso.

EL MAR DEL INVENTARIO

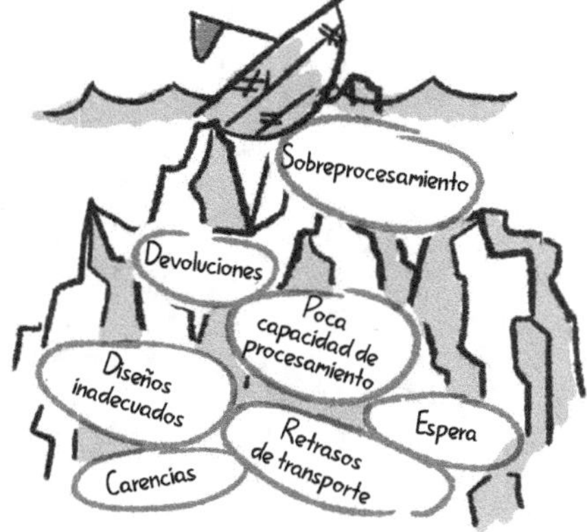

El sistema Lean Six Sigma busca todas aquellas actividades propias de la «empresa oculta» para eliminar todo aquello que pueda generar errores o residuos. Como se muestra en la figura siguiente, el inventario suele disimular muchas de las ineficiencias que se crean en la empresa. Cuando comience a reducirse dicho inventario, saldrán a la luz esas ineficiencias y se verá lo que debe corregirse. El hecho de que se consideren ocultas significa que no estarán visibles a menos que comiencen a buscarse con cuidado.

Para acabar con esa «empresa oculta», la dirección debe esforzarse para reducir las actividades sin valor añadido que afectan tanto al área de producción como al resto de la organización.

La gerencia debe asegurarse de que el sistema Lean Six Sigma no solo sea un plan orientado a la mejora de la producción, sino una filosofía de trabajo completa que debe comenzar con el proceso de innovación y seguir hasta llegar a la última fase: el cobro a los clientes. E incluye a todos: tanto al personal de la empresa como a los clientes y los proveedores.

1.7 LA INDUSTRIA 4.0 Y EL INTERNET INDUSTRIAL DE LAS COSAS

La industria europea ha establecido un nuevo rumbo para sus empresas de alta tecnología. Alemania, guiada por el plan estratégico Industria 4.0, ha iniciado la cuarta revolución industrial. La computación y los servicios basados en la nube, el internet de las cosas, el análisis de datos masivos, la robótica, la inteligencia artificial, la impresión 3-D, etc. revolucionarán la forma en que se fabrica y se brindan servicios. Todo cambia a un ritmo acelerado. Solo sobrevivirán las empresas que entiendan la nueva realidad y ajusten su modelo de negocio. El Instituto de Tecnología de Massachusetts (MIT) ha desarrollado el proyecto Parallel, basado en el internet industrial de las cosas (IIoT), para apoyar y guiar a las empresas estadounidenses hacia la era digital.

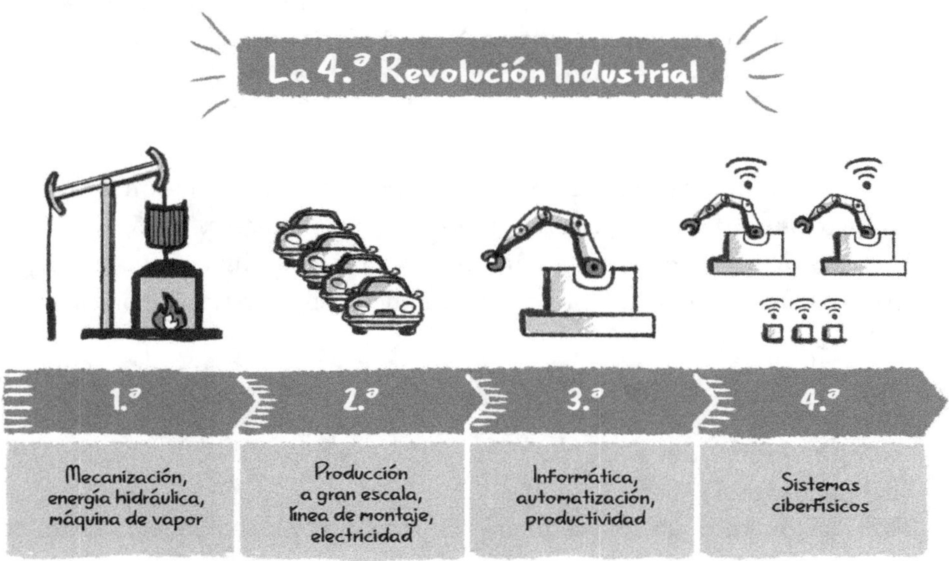

La cuarta revolución se desarrolla con rapidez y la pregunta salta de inmediato: el sistema de gestión Lean Six Sigma, ¿es compatible con la industria 4.0 y el internet industrial de las cosas (IIoT) o no? ¿Y si se tratase de dos principios tan distintos que fuese imposible toda sinergia?

El sistema Lean Six Sigma no desaparecerá con la industria 4.0, sino más bien todo lo contrario: cada vez será más importante contar con ese método, fuerte y sólido, para que aporte estabilidad. La cuarta revolución industrial necesita empresas que trabajen con el auténtico sistema Lean Six Sigma.

La reducción del residuo, ya se trate de averías de maquinaria o actividades que no aporten valor, seguirá siendo fundamental. Al mismo tiempo, los avances en la recopilación de datos, la fabricación de sensores, los desarrollos de la robótica y la automatización, así como las nuevas tecnologías y el aumento de la potencia de computación permitirán un análisis avanzado y ampliarán los límites a los métodos hoy vigentes. Para beneficiarse de todas esas innovaciones tecnológicas, es preciso que las empresas hayan implementado por completo el sistema Lean Six Sigma. Uno de los avances más prometedores es la posibilidad de compartir y actuar sobre la información en tiempo real en una cadena de suministro coordinada de extremo a extremo. De ese modo, puede disponerse de un sistema radicalmente mejorado para abordar la producción *pull* de acuerdo con el método justo a tiempo *(just in time)*. La industria 4.0 también permite comprender mucho mejor la demanda del cliente y permitir el intercambio inmediato de datos. Para que una empresa sea rentable y competitiva, y más en un entorno cada vez más globalizado, es preciso que mejore constantemente su productividad, su calidad, su agilidad y su capacidad de servicio. Y esa presión siempre irá a más.

Elementos de la industria 4.0

- **Robots autónomos** que realicen tareas repetitivas y de precisión.
- **Simulaciones** para visualizar diversas opciones para tomar las mejores decisiones.
- **Internet de las cosas** para comunicar, conectar y automatizar decisiones.
- **Integración** para que los sistemas interactúen con todo tipo de bases de datos en la nube.
- **Ciberseguridad** para que todos los sistemas funcionen de manera confiable en la nube.
- **Computación en la nube** para que todos los sistemas estén disponibles en cualquier lugar.
- **Fabricación aditiva** para producir productos o piezas en pequeñas cantidades.
- Tecnología de **realidad aumentada** para superponer una imagen generada por computadora a la visión de un usuario del mundo real y proporcionar así una vista compuesta
- **Datos masivos *(big data):*** un gran conjunto de datos que puede analizarse computacionalmente para revelar patrones, tendencias y asociaciones.

Requerimientos

- Tanto la industria 4.0 (y el internet industrial de las cosas) como el sistema de gestión Lean Six Sigma no son solo competencia del departamento de tecnología o del *lean manager:* es preciso que se implique también la alta dirección.

- Ambas deben incluirse en la visión, misión, valores y estrategia.
- Ambas requieren un pensamiento transformador y holístico.
- Las personas son tan importantes como la tecnología.
- Es importantísima una sólida gestión del cambio organizacional.

Beneficios de Lean Six Sigma, la industria 4.0 y el internet industrial de las cosas

- La industria 4.0 y el internet industrial de las cosas (IIoT) requieren procesos firmes y estables.
- El hecho de disponer de una información más completa y rápida sobre las demandas y las desviaciones de los clientes reducirá el inventario y proporcionará una respuesta más rápida de los clientes.
- Se acelera el flujo de una sola pieza *(one-piece flow).*
- Se adopta una producción *pull* justo a tiempo.
- Los inventarios se reducen de manera drástica.
- Se mejora el mantenimiento predictivo total *(total productive maintenance,* TPM) y se mejora la eficiencia general de los equipos *(overall equipment effectiveness,* OEE).
- Se establecen grandes sinergias entre el sistema Lean Six Sigma y el entorno igital.

Durante los últimos años, hemos ayudado a diversas empresas a implementar el sistema Lean Six Sigma en un momento en que se hallaban en plena transición hacia la industria 4.0 y el internet de las cosas. Y lo hemos hecho con éxito. Durante el proceso, hemos visto cómo se producían grandes sinergias y se obtenían mayores beneficios, sobre todo en lo que respecta a la productividad, en comparación con otros casos en los que no se aplicaba el sistema Lean Six Sigma. Pueden mejorar, y con relativa facilidad, la productividad de cualquier empresa entre un 30 y un 50 %.

1.8   BENEFICIOS DERIVADOS DE LA IMPLEMENTACIÓN DE UN SISTEMA DE GESTIÓN LEAN SIX SIGMA EN LA EMPRESA

Tras examinar muchos programas de mejora continua, hemos visto que el sistema de gestión Lean Six Sigma es el más potente y eficaz si se implementa de manera correcta, tal como demuestra la transformación global que ha experimentado durante las dos últimas décadas.

Beneficios:

- Clientes más satisfechos
- Mayores beneficios.
- Mayor retorno de la inversión (ROI).
- Menores inversiones y costos.
- Plantilla comprometida y motivada.
- Entrega más rápida de productos o servicios.
- Reducción significativa del inventario (RM, WIP y FG)
- Disminución significativa de los riesgos.
- Recomendaciones del cliente.
- Aumento de la competitividad en el mercado global.
- Mejora de la calidad de los productos y los servicios.
- Reducción del impacto ambiental.
- Impacto social logrado gracias a economías más fuertes.
- Implicación de toda la empresa, incluidos los departamentos y los niveles y procesos jerárquicos.
- Fuerte apoyo a la Industria 4.0 y el internet industrial de las cosas (IIoT).

En el capítulo 5 explicaremos cómo los resultados se convierten en lo más importante para una empresa Lean Six Sigma y una de las estrategias e iniciativas más importantes que puede acometer.

1.9 EL PAPEL DEL LÍDER: RESPONSABILIDADES Y CONOCIMIENTOS REQUERIDOS

Antes de emprender el viaje a través del sistema Lean Six Sigma, debemos reflexionar acerca de nuestra función y nuestras responsabilidades. El líder, junto con su equipo clave, será quien escoja un proyecto en particular y lo lleve a cabo.

La persona que lidera, ante todo, debe ser una campeona, un apoyo para el proyecto, una guía. Tiene que definir un objetivo, establecer unos logros, justificarlos y determinar el tiempo y el presupuesto precisos para conseguirlo.

La presidencia de la empresa

Un proyecto solo puede materializarse con éxito si cuenta con el compromiso total de la presidencia de la empresa. Por ello, si una estrategia se aplica solo a una división, un departamento o una función de la empresa, el riesgo de que fracase es muy alto.

Funciones y responsabilidades
- Considera que el sistema Lean Six Sigma es la estrategia más importante para la empresa y obra en consecuencia.

- Se asegura los recursos necesarios para lograr una implementación exitosa.
- Diseña el plan de negocio y la estrategia de la empresa.
- Diseña la estructura organizativa por flujos de valor y elige quién se encargará de ellos.
- Impulsa el programa de desarrollo de talento para convertirlo en la base sobre la que se erigirá el sistema eficiente y la operativa de la empresa.
- Analiza los indicadores generados en el cuadro de resultados *(box score)* y toma decisiones de alto nivel para lograr que se cumplan.
- Proporciona informes de estado mensuales sobre los principales proyectos de la empresa.
- Cambia o respalda el cambio de políticas que impiden que la empresa desarrolle su máximo potencial.
- Supervisa continuamente los procesos y proyectos en ejecución.
- Recurre a los paseos o caminatas *gemba (gemba walks)* internos para los procesos clave y a los externos para atender a clientes y proveedores.

Conocimientos requeridos

- Comprende su posición y la de su empresa.
- Se ha formado en métodos de gestión eficaz y, en algunos casos, se ha adiestrado como cinturón verde, cinturón negro o incluso como maestro con cinturón negro.

Vicepresidencia, dirección, gerencia y responsables de planta y unidad de negocio

La vicepresidencia y los equipos de dirección o gerencia (según el tamaño de la empresa) apoyarán proyectos e iniciativas clave.

Funciones y responsabilidades

- Diseña el plan estratégico y táctico de la empresa.
- Investiga las condiciones del mercado, las tendencias globales y las oportunidades.
- Encuentra estrategias innovadoras para lograr los objetivos de la empresa.
- Diseña indicadores para evaluar la empresa.
- Propone proyectos y métodos de mejora.
- Proporciona apoyo a la hora de seleccionar y desarrollar proyectos.
- Guía al equipo que implementa los proyectos de acuerdo con la estrategia organizativa.
- Se beneficia del ahorro y el impacto generado en proyectos de mejora.

- Participa en la resolución de problemas de alto nivel.
- Participa en la prevención de problemas de alto nivel.
- Participa en proyectos de mejora a todos los niveles.
- Proporciona recursos para desarrollar la implementación de mejoras.
- Proporciona recursos y ayuda a eliminar las barreras para la implementación del proyecto.
- Supervisa continuamente el proceso así como los proyectos en curso.

Conocimientos requeridos

- Comprende su posición y la de su empresa.
- Se ha formado en métodos de gestión eficaz y, en algunos casos, se ha adiestrado como cinturón verde y cinturón negro.

Líderes de la cadena de valor

Cada cadena de valor representa una familia de productos o servicios que contiene los procesos necesarios para entregar valor al cliente.

Funciones y responsabilidades

- Tiene la responsabilidad y la autoridad necesarias para controlar el flujo de valor en su totalidad, desde que se recibe un pedido hasta que se entrega.
- Lleva a cabo los proyectos del plan estratégico de la empresa que se le hayan asignado.
- Se reúne con sus equipos de proceso para evaluar e identificar oportunidades de los indicadores utilizando métodos y herramientas del sistema Lean Six Sigma.
- Analiza los resultados del flujo de valor.
- Propone y participa en proyectos de mejora.
- Obtiene recursos para hacer cambios.
- Proporciona apoyo a la hora de seleccionar y establecer proyectos.
- Guía a los equipos para implementar proyectos importantes para la estrategia del flujo de valor.
- Se beneficia directamente del ahorro y el impacto que generan los proyectos de mejora para resolver problemas de la cadena de valor.
- Participa en la prevención de problemas de la cadena de valor.
- Participa en proyectos para mejorar su flujo de valor.
- Brinda los recursos necesarios para desarrollar la implementación de los eventos de mejora *(kaizen)*.

- Proporciona recursos y ayuda a eliminar barreras para implementar el proyecto.
- Entrenar a los miembros del equipo como cinturones verdes o cinturones negros.

Conocimientos requeridos

- Se ha formado en métodos de gestión eficaz y, en algunos casos, se ha adiestrado como cinturón verde o cinturón negro.

Personas a cargo de la dirección de los procesos de valor (diseño, marketing, producción, servicios, finanzas, mantenimiento, etc.)

Forman parte de un flujo de valor y, en función de la complejidad que tenga este, pueden dirigir un equipo que lleve a cabo las funciones del proceso. Dependen de la persona responsable del flujo de valor.

Funciones y responsabilidades

- Se responsabilizan del buen funcionamiento de cada proceso.
- Evalúan e identifican oportunidades a partir de los indicadores del proceso.
- Trabajan proactivamente con otros colegas para identificar posibles proyectos.
- Ayudan a definir proyectos y supervisan su ejecución.
- Aprueban el proyecto y participan en todas las fases requeridas.
- Participan en la resolución de problemas de la cadena de valor.
- Participan en la prevención de problemas de la cadena de valor.
- Participan en proyectos para mejorar el proceso o el flujo de valor.
- Brindan recursos para desarrollar la implementación de mejoras.
- Entrenan a los miembros del equipo como cinturones blancos y amarillos.

Conocimientos requeridos

- Se han formado en métodos de gestión eficaz y, en algunos casos, se ha adiestrado como cinturones amarillos o cinturones verdes.

Socios u operadores

Así se denomina a las personas que realizan un servicio o un producto directamente y que, en consecuencia, forman parte de un proceso específico de la cadena de valor. Informan al líder del proceso y este, a su vez, informa al líder de la cadena de valor.

Funciones y responsabilidades

- Se encargan de realizar la operación a tiempo y con la calidad requerida.
- Están bien entrenados en su operación o proceso.
- Participan en reuniones al inicio y al final del trabajo (métodos).
- Trabajan proactivamente con sus superiores para identificar posibles proyectos.
- Participan en proyectos específicos para corregir, prevenir y reducir problemas.
- Mantienen las mejoras al hacerlas parte de su trabajo diario.

Conocimientos requeridos

- Poseen la formación necesaria para desarrollar sus tareas
- Se han adiestrado como cinturón blanco o amarillo

Instructores externos, guías e implementadores

Conviene asegurarse de que las personas que se contratan como guías e instructoras no se limitan a enseñar las herramientas, sino que están dispuestas a participar activamente en la implementación de los cambios. De este modo, el personal de la empresa aprenderá con mayor rapidez y la implementación se llevará a cabo con mayor comodidad.

Sin embargo, el hecho de que compartan sus conocimientos y muestren cómo se aplican esos cambios en la empresa no significa que estén obligadas a hacer el trabajo por usted. Su cometido es algo distinto: aunque dedicarán todo el tiempo necesario al desarrollo del proyecto, es muy importante que se centren en el análisis de las mejoras. Y, para ello, deben formar parte de su equipo, comprometerse con la empresa y apoyar al máximo el proceso de cambio para lograr el objetivo.

Conocimientos requeridos

- Experto en herramientas Lean Six Sigma.
- Experiencia en *coaching* y entrenamiento.
- Experiencia en transformación de empresas.

Niveles de formación y certificación según el sistema Lean Six Sigma

- **Gestión eficiente**
- **Cinturón blanco**
- **Cinturón amarillo**
- **Cinturón verde**
- **Cinturón negro**
- **Maestro con cinturón negro**

A la hora de embarcarse en este proceso de transformación, cada empresa necesitará personas que conozcan el sistema Lean Six Sigma y dispongan de los certificados oportunos. Quizá alguien se preguntaría por qué es preciso tenerlos. Al fin y al cabo, suponen un desembolso considerable y, además, requieren que se les dedique un tiempo muy valioso. Es cierto. Sin embargo, conviene tener en cuenta que, si se desea implementar un nuevo sistema, toda la plantilla deberá conocerlo. De lo contrario, no habrá garantías suficientes y es posible que el plan no funcione.

Las personas vinculadas a la empresa que estén capacitadas para trabajar según el sistema de gestión Lean Six Sigma entenderán perfectamente la filosofía que anima a tales cambios, serán capaces de utilizar las herramientas correctas cuando participen en los proyectos de mejora y emplearán el mismo vocabulario.

Cuando todo el mundo esté plenamente capacitado, la empresa contará con una estructura similar a la de esta tabla:

Formación	Abreviatura	Porcentaje de personal	Conocimiento	Tiempo para cada módulo	Formación acumulada
Dirección eficaz	DE	Toda la dirección	Herramientas filosóficas, estratégicas y tácticas	8 h	8 h
Cinturón blanco	CB	100 %	Herramientas básicas e introductorias	8 h	16 h
Cinturón amarillo	CA	20 - 50 %	Métodos y herramientas Lean	24 h	40 h
Cinturón verde	CV	10 - 20 %	Herramientas y métodos Six Sigma	40 h	80 h
Cinturón negro	CN	1 - 3 %	Liderazgo, gestión de proyectos, empresa Lean	40 h	120 h
Maestro con cinturón blanco	MCN	1 por cada 10 CN	Gestión estratégica y herramientas de innovación	40 h	160 h

El sistema de gestión Lean Six Sigma solo podrá aplicarse con éxito si se es plenamente consciente de la filosofía que subyace, sus herramientas básicas y sus beneficios. La implementación en una u otra área o departamento de la empresa también puede resultar útil, pero los resultados estarán muy lejos de los que pueden obtenerse si el sistema abarca a toda la empresa y no es raro que, pasado un tiempo, acaben por descartarse los cambios.

Como puede verse, es mejor desarrollar un plan de formación para todas las personas que trabajan en la empresa. Así compartirán desde el principio unos propósitos y unos objetivos comunes.

Conviene que, en primer lugar, se capacite a todo el equipo encargado de la administración y la gestión de la empresa en este sistema. No llevará más de una jornada de trabajo. Al día siguiente, se podrá formar al resto de la plantilla para que adquiera las herramientas básicas (el llamado *cinturón blanco*).

Este proceso de aprendizaje dirigido al equipo de administración de la empresa, el equipo de implementación y aquellas personas que participarán en el proceso piloto combinará tanto la teoría como la práctica.

Asimismo, esta fase de formación, siempre a cargo de profesionales, se dirige no solo a los cuadros superiores de la empresa, sino también a las personas del departamento de recursos humanos, quienes se encargarán de la coordinación y supervisión del sistema para que se desarrolle de una manera eficaz y duradera.

Programas de capacitación clave para preparar a los equipos

Lean Management *(un* día), *para todo el equipo directivo.*

Es recomendable que todas aquellas personas relacionadas con la dirección y el futuro de la empresa reciban la formación necesaria para cumplir con los objetivos requeridos. Durante esta sesión, conocerán todo cuanto debe saberse acerca del alcance, las herramientas, la implementación de procesos y los resultados esperados tras aplicar el sistema Lean Six Sigma.

La administración de la empresa deberá:

- Ser consciente de que esta es la estrategia más importante que deben aplicar.
- Brindar los recursos necesarios para que esta estrategia se implemente.
- Aprobar todos aquellos proyectos que se consideren importantes para la implementación del plan estratégico.
- Dar pautas a los equipos encargados del flujo de valor.
- Eliminar las barreras políticas internas.
- Identificar oportunidades de mejora.
- Conocer la filosofía Lean Six Sigma y formar a las personas que tiene a su alrededor.

Asimismo, las personas que integran el equipo de gestión deberían recibir la formación necesaria para alcanzar los niveles de cinturón amarillo y cinturón verde. No en vano, algunas empresas lo consideran un requisito imprescindible para acceder a los puestos directivos.

Herramientas para el equipo de gestión: hoshin kanri, estructura de la cadena de valor y asignación de la cadena de valor.

Cinturón blanco *(un* día), *dirigido a toda la plantilla*

Es recomendable que todas las personas que trabajan en la empresa conozcan los fundamentos del sistema Lean Six Sigma, compartan sus principios y sepan utilizar sus herramientas básicas para garantizar una mejora continua a largo plazo, conocer las oportunidades y participar en la implementación y el mantenimiento del sistema.

- En el caso de que una persona forme parte de un equipo de implementación, no deberá dedicar más del 10 % de su jornada a estos proyectos.
- Deberá conocer y aplicar herramientas de gestión eficaz y del sistema Lean Six Sigma.
- Deberá detectar aquellas áreas en las que puedan aplicarse posibles proyectos Lean Six Sigma.
- Deberá brindar apoyo para la implementación y la supervisión de proyectos Lean Six Sigma.
- Deberá participar en al menos dos proyectos cada año cuyo costo total no exceda nunca los 10 000 dólares.
- Deberá adoptar la filosofía de este sistema y aplicar sus herramientas a diario.

Herramientas para las personas con cinturón blanco: 5 S (mantenimiento), *andon* (gestión visual), trabajo estandarizado.

Cinturón amarillo *(una semana), para entre el 20 y el 50 % de la plantilla*
Conviene que entre un 20 y un 50 % de las personas responsables de la mejora de procesos reciban la formación necesaria para acceder al nivel de cinturón amarillo y se conviertan en expertas en la implementación de herramientas Lean Six Sigma. Esas personas, procedentes de áreas y niveles muy distintos, una vez tengan los conocimientos y la experiencia necesarios, se integrarán en equipos para desarrollar proyectos a tiempo parcial que, a buen seguro, tendrán excelentes resultados.

- Esas personas dedican más del 20 % de su tiempo a proyectos.
- Comprenden las herramientas Lean Six Sigma y las aplican.
- Detectan aquellas áreas en las que podrían desarrollarse proyectos relacionados con el sistema Lean Six Sigma.
- Contribuyen a la implementación de proyectos Lean Six Sigma y realizan su seguimiento.
- Cada año participan al menos en dos proyectos con un costo total máximo de 25 000 dólares
- Comparten la filosofía del sistema de gestión Lean Six Sigma y emplean sus herramientas a diario.
- Además, en su calidad de cinturones amarillos, deben preparar a unos diez cinturones blancos al año.

Cinturón verde *(una semana), para entre el 15 y el 20 % de la plantilla*
Es recomendable que se prepare como cinturones verdes a todas aquellas personas que ocupan puestos relacionados con la resolución de problemas y la mejora de la calidad. Pueden proceder de diversas áreas y niveles, y deberán ayudar a los cinturones negros a implementar proyectos. Sus conocimientos y su experiencia les permitirán dedicarse a este cometido a tiempo parcial o completo con un único objetivo: lograr el éxito.

- No dedicarán más del 20 % de su tiempo a proyectos si forman parte de un equipo de implementación.
- Comparten la filosofía del sistema de gestión Lean Six Sigma y aplican sus herramientas a diario.
- Detectan áreas en las que podrían desarrollarse proyectos relacionados con el sistema Lean Six Sigma.
- Contribuyen a la implementación de proyectos y se ocupan de su posterior seguimiento.
- Cada año participan al menos en dos proyectos con un costo total máximo de 50 000 dólares.

Cinturón negro *(una semana) para entre el 1 % y el 3 % de la plantilla*
Este módulo de formación se dirige específicamente a las personas que lideran la empresa y se ocupan, entre otras tareas, de la mejora continua, la gestión y la implementación de proyectos muy complejos.

Como puede imaginarse, ya poseen una gran experiencia en el desarrollo de proyectos y el empleo de herramientas relacionadas con el sistema Lean Six Sigma, y se dedican a tiempo completo a la implementación de nuevos planes. Sin duda, son los principales agentes de cambio dentro de la organización y, en último término, los responsables de que una empresa adopte esa nueva concepción del trabajo.

- Brindan todo su apoyo a la hora de priorizar posibles proyectos relacionados con el sistema Lean Six Sigma.
- Lideran la implementación y el desarrollo de esos proyectos y, además, se ocupan de su supervisión.
- Cada año desarrollan al menos cuatro proyectos con un costo total máximo de 125 000 dólares.

Esas personas conocen bien la filosofía, la metodología y las herramientas del sistema de gestión Lean Six Sigma en todas sus áreas (diseño, logística, negocio, producción, servicios, contabilidad, calidad, mantenimiento y tecnologías de la información).

Este módulo de formación se dirige a aquellas personas relacionadas con la cadena de valor o que trabajan en alguna área vinculada a esta. Deberían ocuparse de estas tareas aunque no puedan dedicarle el 100 % de su tiempo, ya que cuentan con unos conocimientos muy útiles para el desarrollo de proyectos a largo plazo. Asimismo, es importante que estos cinturones negros se dediquen a formar a otras personas de la organización.

También es recomendable que colaboren en el desarrollo de proyectos de mejora que puedan durar entre un año y medio y dos años antes. Al terminarlos, deberían ceder el testigo a otros cinturones negros y regresar a su actividad habitual para asegurarse de que los cambios han surgido efecto y se mantienen en el curso del tiempo.

Nota: si la organización cuenta con cinturones negros, es muy importante que no se les asignen trabajos rutinarios, ya que, si así fuera, les resultaría imposible realizar ninguna de sus actividades de manera satisfactoria. Muchos procesos de implementación fallan precisamente por ese motivo.

Maestro con cinturón negro *(una semana) para el 1 % de la plantilla*
Requisitos: poseer un certificado de cinturón negro. Las personas que superan esta fase conocen a la perfección la filosofía, la metodología y las herramientas del sistema de gestión Lean Six Sigma. Su cometido, entre otras cuestiones, consistirá en guiar a los cinturones negros.

Por lo general, pasan la mayor parte de su tiempo desarrollando proyectos desde un punto de vista corporativo y estratégico, siempre a la busca de los mejores resultados financieros posibles. En las grandes empresas, actúan como vínculo entre la alta dirección y las personas encargadas de administrar los recursos.

Por lo general, dependen de la gerencia, la dirección general o las direcciones de los principales departamentos estratégicos, ya que los proyectos basados en el sistema Lean Six Sigma se llevan a cabo en todas las áreas de la empresa.

- Gestionan de manera estratégica la implementación del sistema Lean Six Sigma para toda la empresa.
- Dirigen el proceso de planificación estratégica y táctica de la empresa, así como los flujos de la cadena de valor.
- Participan en el diseño de la estructura mediante diagramas de flujo de valor.
- Participan en el diseño del programa de desarrollo del talento.

- Enseñan metodologías y herramientas a la gerencia y a las personas con el grado de cinturón negro.
- Cada año, orientan a los cinturones negros en el desarrollo de al menos diez proyectos con un costo total máximo de 500 000 dólares.

Los maestros con cinturón negro aparecen a medida que se desarrolla el programa y adquieren la formación necesaria como para obtener el certificado correspondiente. Entre sus diversos cometidos figura la preparación de otros cinturones negros —unos diez cada año, por término medio—, a los que también guían. En las empresas de menor tamaño, puede haber uno que trabaje a tiempo completo en la implementación del sistema.

Los maestros con cinturón negro se encargan del desarrollo de toda la estrategia Lean Six Sigma de la empresa.

Antes de dar este capítulo por terminado, conviene repasar los puntos clave. Si lo desea, puede añadir todos aquellos que usted considere oportunos.

1.10   PUNTOS CLAVE

1   El sistema de gestión Lean Six Sigma es un sistema de mejora continua de eficacia probada e introducido con éxito en empresas de todo el mundo.

2   Lean Six Sigma no es solo un conjunto de herramientas: es un modo de vida.

3   El sistema de gestión Lean Six Sigma no es solo para empresas grandes o pertenecientes al sector industrial, como General Electric o Motorola: puede aplicarse a cualquier tipo de negocio, con independencia de su tamaño o su ámbito de actividad.

4   Para implementarlo con éxito, se requiere una comprensión clara, así como una estrategia definida, un plan concreto, además de dedicación, disciplina y un seguimiento estricto.

5   La administración de la empresa debe desempeñar un papel clave a la hora de implementar el sistema de gestión Lean Six Sigma: deberá comprometerse con el proyecto, participar en todas las fases, mantenerlo y, sobre todo, ser consciente de la falsedad de algunas ideas preconcebidas.

6   La teoría de las restricciones (TOC) se centra en las principales limitaciones o cuellos de botella del sistema. De este modo, una empresa que aplica el sistema de gestión Lean Six Sigma tendrá la oportunidad de lograr resultados en un tiempo récord.

7   Los residuos (o *muda)* son procesos o pasos sin valor agregado que no reportan ningún beneficio. Deben erradicarse por completo.

8   Hay que ser consciente de lo que significa la «fábrica oculta».

9   Toda empresa, a la hora de plantearse objetivos a largo plazo, debería aspirar a implementar el sistema Lean Six Sigma.

10 El sistema de gestión Lean Six Sigma facilita mucho el desarrollo de la llamada industria 4.0 así como la implementación del internet industrial de las cosas (IIoT).

11 La implementación de un sistema de gestión Lean Six Sigma aporta ventajas significativas.

12 Hay que ser consciente de las ideas falsas que circulan sobre el sistema Lean Six Sigma, así como de los obstáculos que pueden aparecer.

13 Para evitarlo, la empresa deberá contar con las habilidades y los recursos necesarios.

14 Hay que ser consciente de lo que implica ser un líder, sobre todo por lo que respecta a las responsabilidades y a la formación necesarias.

15 A la hora de implementar el sistema Lean Six Sigma, es preciso buscar apoyos fuera de la empresa que tengan las habilidades correctas y muestren el compromiso necesario.

Aquí puede anotar otros puntos clave:

HERRAMIENTAS ESTRATÉGICAS

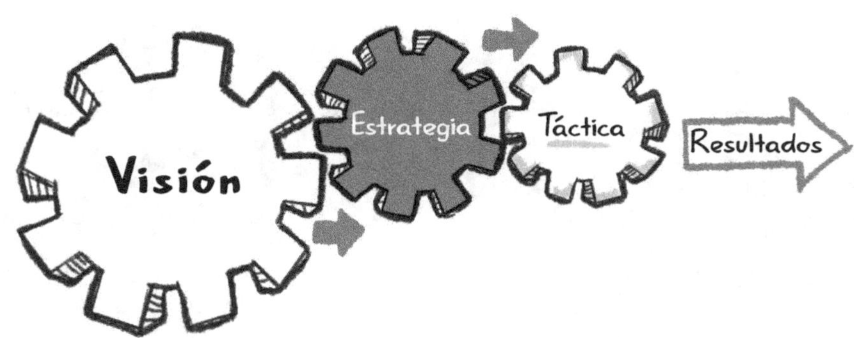

2　HERRAMIENTAS ESTRATÉGICAS

La estrategia es un plan de alto nivel destinado a lograr un objetivo.

Para que un proyecto, cualquiera que sea, tenga éxito, es imprescindible contar con un plan estratégico lo más detallado posible y llevarlo a cabo de manera metódica. Muchas empresas aplican con demasiada rapidez toda clase de herramientas de naturaleza más táctica, como el 5 S, la gestión visual, el SMED, el TPM, etc. A menudo, lo hacen sin haber analizado la situación, sin apenas planificación y sin haber pensado en una estrategia. Al principio, pueden apreciarse algunos cambios positivos en ciertos departamentos pero, por desgracia, en la mayor parte de los casos, esas mejoras no redundan en el conjunto de la empresa. El sistema Lean Six Sigma no se comporta como se esperaba y acaba por descartarse en cuanto se sustituye a la persona que estaba al cargo.

Nuestro propósito es muy sencillo: lograr que el sistema de gestión Lean Six Sigma funcione a lo largo del tiempo, mejore la satisfacción del cliente, permita un desarrollo estable y proporcione buenos resultados con independencia de la persona

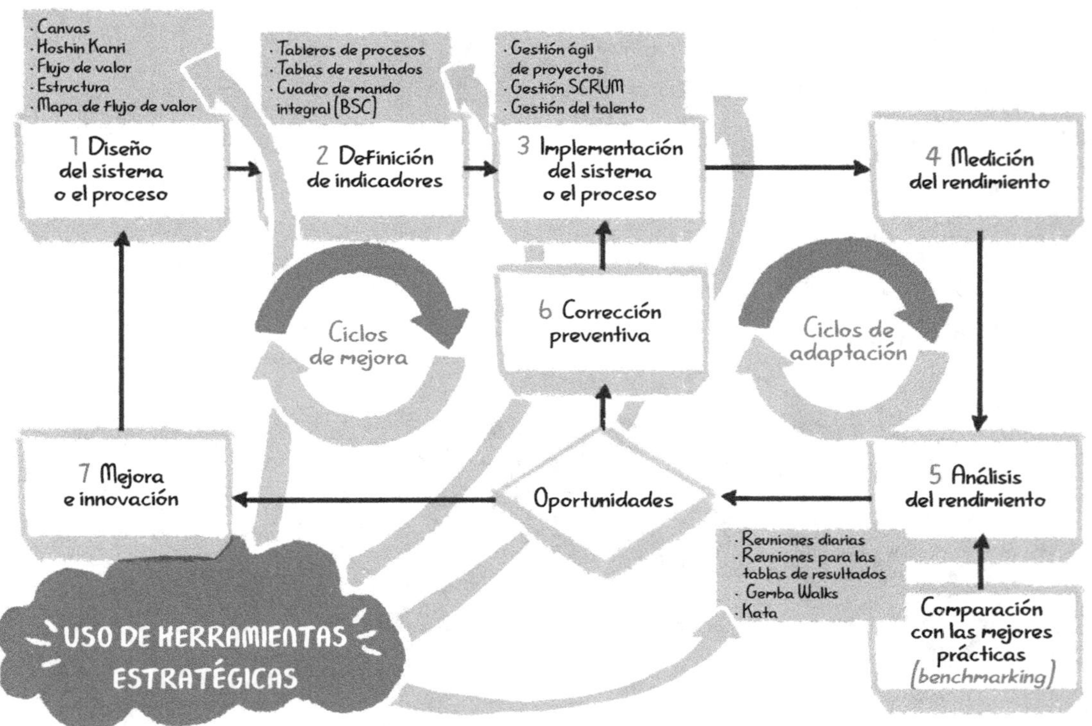

que dirija la empresa. En las páginas siguientes, usted encontrará un conjunto de herramientas estratégicas clave. Hay más, pero queríamos centrarnos en las más comunes, que muchas empresas han utilizado con éxito.

Durante el proceso de implementación del sistema Lean Six Sigma, utilizaremos diversas herramientas estratégicas en los diferentes pasos que componen el ciclo PCDA. Usted tan solo debe asegurarse de que ha seleccionado las herramientas que mejor se adapten a su empresa y a sus equipos. Las flechas indican las fases del ciclo en las que puede utilizarlas.

2.1 EVALUACIÓN DE LA EMPRESA LEAN SIX SIGMA: NIVELES DE MADUREZ

Comencemos por evaluar la empresa. Así podremos determinar el nivel de implementación del sistema Lean Six Sigma tanto por lo que respecta a la organización, como a las áreas y los procesos de producción. Recurriremos a un enfoque basado en tres puntos con diferentes niveles que nos permitirán medir la madurez de la empresa, las áreas de producción y el flujo de valor.

Evaluaciones

1 **Nivel de madurez de la empresa** (CEO y equipo de dirección).
2 **Nivel de madurez del flujo de valor** (gestores del flujo de valor).
3 **Nivel de madurez de las áreas de apoyo** (responsables de los procesos de apoyo).

Bastará con que los cuadros directivos de cada área rellenen unos cuestionarios muy sencillos. Los resultados se basan en una escala que va del 1 (estado inicial, propio de una empresa tradicional, no eficiente) al 5 (excelente; de primera línea) y que ya se explicó en el primer capítulo. Según el nivel, se desarrollará un plan estratégico específico basado en los principios del sistema Lean Six Sigma. Más adelante pueden verse algunos ejemplos de cuestionarios cumplimentados.

Estas evaluaciones resultan de gran ayuda para los equipos de trabajo, ya que podrán comprobar de primera mano en qué fase de implementación del sistema Lean Six Sigma se encuentra la empresa.

En algunas ocasiones, nos hemos encontrado con personas y empresas que se dan una puntuación más alta por considerar que conocen muy bien las herramientas que están utilizando o porque las han aplicado ya a algunas áreas de trabajo.

Sin embargo, cabe preguntarse si esas herramientas mejoran el rendimiento, el EBITDA o la satisfacción del cliente. Si no es así, deberán considerarse como un gasto sin sentido. Hay que evitar todo aquello que no genere valor.

Una vez se disponga de la evaluación, habrá que revisarla con un equipo en el que haya un maestro con cinturón negro y seleccionar las herramientas estratégicas necesarias para avanzar.

2.2 LIDERAZGO Y GESTIÓN DEL CAMBIO

El liderazgo consiste en las capacidades de dirigir o de guiar a personas, equipos o toda la organización hacia un destino deseado.

Para que pueda implementarse con éxito un sistema de gestión Lean Six Sigma, es preciso que exista un liderazgo adecuado. Habrá que prestar atención al trabajo de las personas a cargo de la empresa. Y seamos claros: es bueno que quienes estén al frente tengan las capacidades de dirigir o de guiar. Ambas son necesarias y un buen líder recurrirá a una o a otra según la situación.

Las personas que asumen un liderazgo eficaz hacen preguntas continuamente, escudriñan todos los niveles de la organización para estar bien informadas, examinan bien sus impresiones y verifican los datos cuantas veces sea necesario. Quieren saber qué funciona y qué no. Una persona que merezca considerarse un líder investiga la realidad, detecta los factores más pertinentes y los analiza con cuidado. Con esos datos, elabora visiones, conceptos, planes y programas.

Muchos gerentes se limitan a aceptar lo que otras personas les dicen y las aplican sin más, sin asegurarse de hasta qué punto se ajustan a la realidad. Todo el mundo sabe que un responsable de la gerencia y un líder no son lo mismo. Un buen gerente trabaja bien; un líder hace lo correcto.

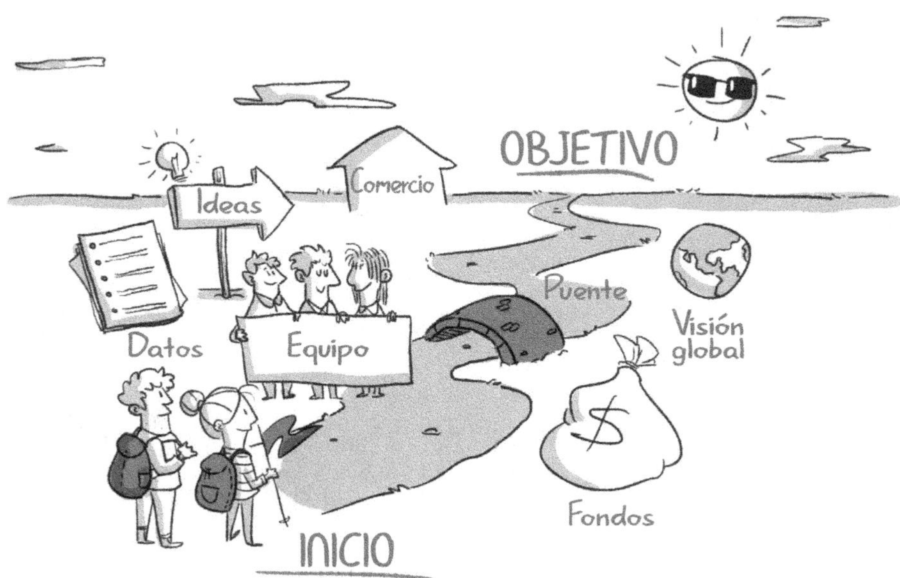

Y hacer lo correcto implica tener una meta, una dirección, un objetivo, una visión, un sueño o un camino.

La gestión se centra en sistemas, dispositivos de control, procedimientos, normativas y estructuras. El liderazgo, en cambio, tiene que ver con la confianza, con la gente. Una persona dispuesta a asumirlo debe crear una visión lo bastante convincente como para llevar a otras a un nuevo lugar. Y para ello debe convertir esa visión en acción. Un líder posee un poder de atracción tal que anima a quien lo escucha a tomar parte en su visión. Los líderes inspiran y confieren la capacidad a los demás para ponerse en marcha.

Un líder se centra en:

- Personas, talento, visión, misión, valores y estrategia.
- Los hechos (qué) y sus causas (por qué).
- El potencial de las cosas.
- El cambio integrador.
- La motivación y la confianza.
- Los desafíos.
- Inspirar y animar mediante una comunicación directa.

La gerencia se centra en:

- Sistemas, estructuras, parámetros y estándares.
- Los procesos (cómo) y los tiempos (cuándo).
- Los presupuestos y los planes detallados.
- La supervisión y el control.
- El mantenimiento y la administración.
- La solución de problemas y la eliminación de obstáculos.

Dotes que todo líder debería tener a la hora de aplicar el sistema Lean Six Sigma

- **Visión:** imagen muy clara de aquello en lo que quiere convertirse la empresa así como del camino que debe tomar (liderazgo creativo).
- **Visión compartida:** aportar un modelo de comprensión de la filosofía y la visión de la compañía para que cada cual la haga suya (liderazgo emocional).
- **Ejecución:** convertir el plan en acción mientras se apoya a todos (liderazgo técnico).

- **Desarrollo en equipo:** formar grandes equipos que se gestionen por sí mismos (liderazgo humano).
- **Valores éticos:** basar las decisiones y las acciones en principios éticos (liderazgo ético).

Proceso de gestión del cambio

A la hora de realizar un cambio tan drástico como el que propone el sistema Lean Six Sigma, es preciso planificar un proceso de gestión del cambio que tenga éxito. Seamos sinceros: a nadie le gustan los cambios y hay quien considerará esta iniciativa como un riesgo, una dificultad o, simplemente, algo equivocado, por lo que se negarán o se resistirán a ponerla en práctica.

Antes de comenzar, hay que preparar a toda la plantilla para que entienda *qué* se hará, *por qué* se hará, *cuándo* se hará, *quién* la hará y *qué* supondrá para la empresa y para las gentes que trabajan allí.

En el caso de que ya se conozca la curva del cambio, la figura que aparece a continuación muestra cómo la moral y la productividad de todos cambian a medida que progresa el proyecto. Y no lo hace siguiendo una línea recta. Habitualmente, ese proceso puede representarse con una curva en forma de S. Su trazo se compone de diferentes tramos o fases que reflejan los cambios de moral y productividad de las personas a lo largo del tiempo.

Necesitamos conocer esas fases y planificarlas adecuadamente.

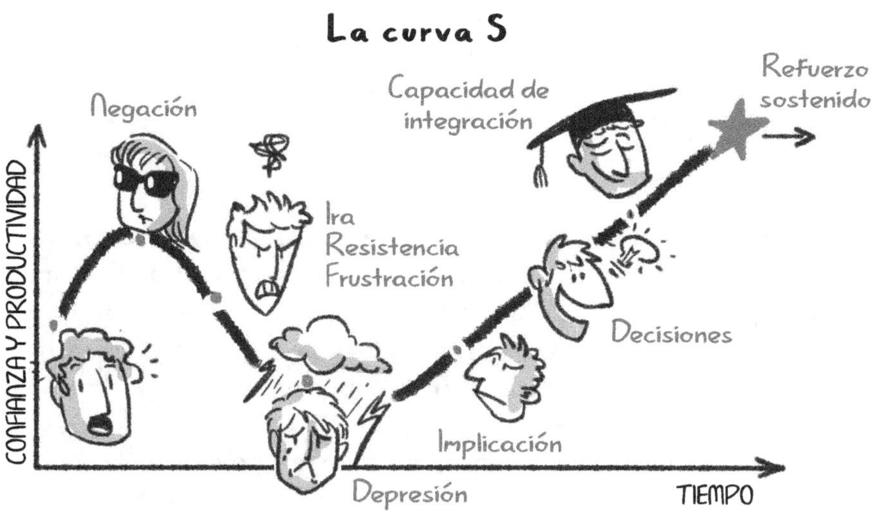

Las fases de la curva S son las siguientes:

- **Shock:** «¡Guau! ¡Vaya golpe!».
- **Negación:** «No necesitamos esto».
- **Ira, resistencia, frustración**: «Perderé mi trabajo».
- **Depresión:** «No puedo lidiar con esto».
- **Implicación:** «Caramba, quizá sí pueda lidiar con esto».
- **Decisiones:** «¡Anda! ¡Me están apoyando!».
- **Capacidad de integración:** «¡Huy! ¡Si ahora va mucho mejor…!».
- **Refuerzo sostenido:** «Me gusta este sistema. Hay que seguir así».

Hay que tomar consciencia de esas fases. Si se descuidan o si intentamos saltarnos alguna, el proyecto fracasará. Cuanto mayor sea este, más afectará a la plantilla de la empresa, más tiempo se necesitará y más habrá que concentrarse en la curva del cambio.

La persona que lidera la empresa promueve ese cambio y, para llevarlo a cabo, debe crear un equipo interdisciplinario que apoye la comunicación y la implementación del proyecto.

Enfoques del proceso de gestión del cambio

A lo largo de nuestro trabajo con empresas, hemos observado cómo se desarrolla un gran número de procesos de gestión del cambio. Muchos lo han hecho muy bien. A continuación detallaremos dos —el método de John Kotter y el de John Van Maanen— que nos gustan mucho porque pueden implementarse con facilidad y son muy eficaces.

El modelo de gestión del cambio en ocho pasos propuesto por John Kotter

1 **Aumentar la urgencia:** como líderes, debemos generar un sentimiento de urgencia para que todo el mundo adquiera conciencia de los problemas y las oportunidades que se presentan para que comience a decirse «debemos hacer algo». **De este modo, se reducirán** la complacencia, el miedo y la ira que impiden iniciar el cambio.

2 **Formar un equipo guía:** debemos formar un grupo que tenga las características y la capacidad suficientes para impulsar el cambio. Además, tendremos que animar a las personas que lo integran para que actúen con confianza y establezcan vínculos emocionales entre ellas.

3 **Desarrollar la visión correcta:** debemos contribuir a que se forme una visión correcta y convincente para dirigir el esfuerzo y ayudar al equipo guía a que desarrolle estrategias para materializarla.

4 **Buscar el consenso:** debemos expresar mensajes muy claros, creíbles y sinceros acerca de la dirección que tomarán esos cambios, y convencer a la plantilla respecto a porqué se ha tomado tal decisión y de qué modo le afectará.

5 **Entrar en acción:** debemos ayudar a eliminar las barreras que coarten a todas aquellas personas dispuestas a compartir esa visión y participar en la estrategia. De este modo se sentirán más confiadas y se comportarán de una manera muy distinta.

6 **Propiciar éxitos a corto plazo:** debemos asegurarnos de que generamos beneficios a un ritmo lo bastante rápido como para vencer el cinismo, el pesimismo y el escepticismo.

7 **No detenerse nunca:** cuando la rueda comienza a moverse, debemos contribuir a que se creen olas y olas de cambios hasta que la visión se haga realidad y no corra el riesgo de disiparse.

8 **Cohesionar:** debemos asegurarnos de que todo el mundo actúe conforme a los cambios —la tradición pesa más de lo que se cree—. Para conseguirlo, es preciso establecer hábitos y comportamientos acordes con la nueva organización de la empresa.

El enfoque de John Van Maanen

John Van Maanen desarrolló la **«aproximación basada en tres sistemas»** (estratégico, político y cultural). Si todos están bajo control, el proceso se llevará a cabo con éxito.

1 **Estratégico-técnico**

- **Agrupación:** ¿la organización cuenta con un diseño adecuado para acometer las medidas que permitirán implementar el Lean Six Sigma con éxito?
- **Enlace:** ¿se dispone de los mecanismos adecuados para compartir información? ¿Se requieren más o menos? ¿Por qué?
- **Alineación:** ¿se han implementado la planificación, los incentivos, los presupuestos y los sistemas de medición de rendimiento adecuados para respaldar las iniciativas actuales?

2 **Sistema**

- ¿Cuáles son las partes interesadas de la empresa que pueden influir en la implementación del sistema Lean Six Sigma? ¿Cuáles son sus intereses? ¿Qué poder y capacidad de influencia tienen tanto dentro como fuera?
- ¿Cabe la posibilidad de que los principales interesados en esta actividad puedan agruparse de manera formal o informal para apoyar de una manera eficaz la implementación del sistema Lean Six Sigma? ¿A qué partes interesadas podrían involucrar?

3 **Cultura**

- ¿A quién involucra o afecta la implementación del sistema Lean Six Sigma?
- ¿Qué supuestos básicos acerca de su organización respaldan la implementación del sistema Lean Six Sigma? ¿Cuáles trabajan en contra?
- ¿Cuáles son los esquemas mentales para los que supone un desafío la implementación del sistema Lean Six Sigma? ¿Cuán arraigados están?

No cabe duda de que ambos procesos resultan muy útiles. Conviene crear un equipo interdisciplinario para planificar todas las fases. Nunca deben tomarse atajos: el tiempo que se tarde estará bien invertido y hará que el proyecto se lleve a cabo con éxito.

El plan de comunicación: la clave para cualquier iniciativa de cambio

Tal como mencionamos anteriormente, es recomendable que la empresa establezca su propio plan de comunicación. De este modo, todas las partes interesadas podrán incorporarse a la estrategia y compartir sus objetivos.

Todo plan de comunicación debe contemplar los elementos siguientes:
- ¿Qué desea comunicarse?
- ¿Por qué se desea comunicarlo?
- ¿Cuándo debe comunicarse?
- ¿A quién se quiere llegar?

¿Qué hacer?
- Habrá que establecer un equipo de comunicación específico que asegure la comunicación efectiva en todas las áreas y niveles.

¿Qué deberá comunicarse?
- La implantación del sistema Lean Six Sigma en la empresa debe comunicarse mediante una campaña de marketing interna para informar a todo el mundo

sobre cómo se trabajará en el siguiente nivel. De ese modo, todas las personas que integran la organización comprenderán la importancia que tiene el hecho de formar parte del proyecto. La comunicación debe hacerse siempre con un tono positivo que invite a la plantilla a brindar su apoyo al proceso.

¿Qué debería comunicar el equipo al mando?

- Las razones por las cuales la implementación del sistema Lean Six Sigma es tan importante.
- El hecho de que todas las personas de la empresa estén involucradas.
- La importancia que tiene la formación de esas personas en diferentes niveles para que todas puedan comprender el proceso e implicarse de una manera más plena.
- Las fases en las que se desarrollará ese proceso (preparación, piloto, flujo de valor, aplicación a toda la empresa).
- El desarrollo de la fase de formación, con sus actividades y logros.
- Los resultados obtenidos y cómo estos aportan una ventaja competitiva.

¿Qué requisitos deben cumplirse?

- El mensaje y su contenido deben ser simples y claros.
- La comunicación debe hacerse en un momento concreto. Conviene establecer la hora.
- Hay que definir las plataformas de comunicación (periódico interno, intranet, reuniones).
- Conviene asegurarse de que la comunicación esté escrita y de que todas las personas clave utilizarán el mismo mensaje.
- Es preciso definir a las partes interesadas e incorporarlas al proyecto cuanto antes.
- Hay que preparar un resumen en forma de preguntas y respuestas, así como un buen argumentario.
- Conviene probar el plan de comunicación con un grupo pequeño.
- Tras la comunicación inicial, habrá que convocar algunas reuniones en las que se prepararán más preguntas y respuestas.
- Es muy importante aclarar en todo momento cómo afectarán los cambios a la empresa y a cada una de las personas que la integran.

¿Qué debe hacerse?

- Sea claro y sincero.
- Describir lo que ocurriría si no se implementa el cambio.

- Explicar cómo se ayudará a la plantilla durante el cambio.
- Seguir el plan.
- Mostrarse accesible a todas las personas de la empresa: tendrán preguntas y querrán respuestas.
- Revisar cada semana las comunicaciones para ver qué ha funcionado bien y qué debe mejorarse.
- Si nadie apoya la iniciativa e incluso intenta sabotearla, habrá que actuar de inmediato.

Reflexione un poco sobre la última iniciativa que tomó. ¿Tenía un plan de comunicación efectivo? ¿Funcionó? ¿Pudo haber sido mejor?

2.3 PROPUESTA DE VALOR: EL MODELO *CANVAS*

Líderes de toda clase de empresas de cualquier rincón del mundo se enfrentan a desafíos cada vez más importantes que los obligan a diseñar la forma en que deberían funcionar sus empresas y qué tipo de decisiones deben tomarse en un entorno con tanta incertidumbre. Las conversaciones estratégicas no suelen ser demasiado productivas a causa de un conocimiento y una comprensión muy limitados de los elementos clave de un negocio.

El diseño del modelo de negocio es muy importante para las empresas. El producto puede ser extraordinario, pero si el modelo de negocio no es bueno, la aventura terminará en fracaso. Por ejemplo, Xerox creó una copiadora muy rápida. Sin embargo, era tan cara que solo unos cuantos clientes acabaron por comprarla. La empresa perdió mucho dinero hasta que se decidió a cambiar el modelo de negocio y alquilar las máquinas en lugar de venderlas. A partir de entonces, los beneficios fueron enormes.

Cualquier empresa, desde la más joven hasta la más venerable, debe revisar su modelo de negocio periódicamente para comprender cómo crea valor y lo entrega a sus clientes.

El modelo *canvas*

Un modelo de negocio es un mapa que representa cómo una empresa creará valor y lo entregará a sus clientes, y cómo pretende generar ingresos y ganancias. Alexander Osterwalder desarrolló una metodología, a la que llamó *canvas* («lienzo») y que convirtió en su tesis doctoral bajo la dirección de Yves Pigneur.

El modelo de negocio de *canvas* es una herramienta gráfica que se utiliza para describir qué valor se ofrece a los clientes, cómo se crea, la forma en que se transmite (los canales) y se entrega, el modo en que los clientes entienden el modelo de negocio actual y la manera cómo ese modelo se convierte en otro para alcanzar los objetivos de la empresa en el futuro.

Elementos de un modelo de negocio *canvas*

1 **Segmentos de clientes:** diferentes grupos de clientes con características y necesidades similares a las que debe cubrir la propuesta de valor.
2 **Propuesta de valor:** el modo en que un producto o un servicio resuelve un problema o satisface una necesidad.
3 **Canal:** la manera en que se comunica la propuesta de valor y se entrega a los clientes.

MODELO CANVAS

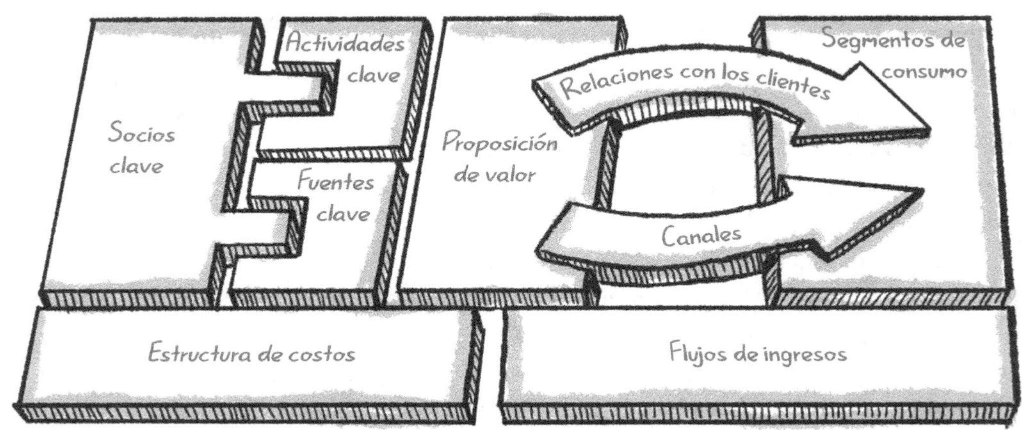

4 **Relación con los clientes:** la forma en que se establece la relación con cada segmento de clientes y se mantiene.

5 **Flujos de ingresos:** el resultado monetario de cada propuesta de valor.

6 **Recursos clave:** los medios necesarios para ofrecer los elementos descritos anteriormente.

7 **Actividades clave:** procesos o actividades necesarias para generar valor para los clientes.

8 **Asociaciones clave:** personas o empresas que proporcionan actividades o suministros al sistema.

Hoy en día, el modelo *canvas* no solo puede aprenderse en los talleres que organiza Osterwalder: también se enseña en las mejores universidades del mundo, como Harvard y Stanford. Su puesta en práctica suele correr a cargo de la alta dirección de la empresa, si bien su desarrollo corre a cargo de los expertos que han conseguido el grado de maestro con cinturón negro. Estos, valiéndose de su gran experiencia, dirigen a sus equipos para que pongan en práctica diversos ejercicios que les permiten crear modelos de negocio eficaces y refinarlos para obtener los mejores resultados posibles.

Conviene que personas de diferentes áreas —como diseño, comercial y profesionales de la mercadotecnia, contabilidad, ingeniería de procesos, responsables de compras, miembros del departamento de recursos humanos, etc.— participen en la generación de nuevas ideas, las depuren y contribuyan a una implementación correcta de los modelos seleccionados.

La estrategia de Xerox

En 1958, Xerox inventó una copiadora que podía hacer 2 000 copias al día. Se trataba de una cifra enorme, sobre todo si se tiene en cuenta que las máquinas de la competencia solo podían hacer unas 30 o 40. Sin embargo, al ser siete veces más cara, las ventas no fueron como se esperaba. Tenían un gran producto pero el modelo de negocio era nefasto. La empresa realizó un estudio de mercado en el que se concluía que ningún cliente compraría una máquina tan cara. Se rediseñó el modelo por completo y se pasó de la venta a un régimen de alquiler que se renovaba cada año. A partir de entonces, los ingresos aumentaron y la empresa dispuso de liquidez. En 2011, cerca del 83 % de sus ingresos totales provenían de esos arrendamientos anuales que incluían servicios contratados, mantenimiento de equipos, suministros de consumo y financiación, entre muchos otros. Xerox reinventó su negocio y obtuvo un gran éxito.

Como puede verse en el ejemplo de Xerox, un modelo de negocio correcto puede marcar la diferencia entre ser el mejor o el último del sector, incluso cuando se ofrece un producto o un servicio de gran calidad.

2.4 ESTRATEGIA LEAN, VISIÓN Y DESPLIEGUE DE OBJETIVOS CON EL MÉTODO *HOSHIN KANRI*

Tras haber elaborado o revisado el modelo de negocio, llega el momento de revisar la estrategia. La estrategia es el plan de juego y proporciona un enfoque claro para que la empresa tenga éxito en el mercado y se distinga de sus competidores. El modelo *canvas* permite que esas opciones se hagan visibles, pero ahora ha llegado el momento de centrarse en el plan. Tal como Roger L. Martin ha explicado, «la gente complica más la estrategia de lo que debiera. Algunos se centran demasiado en herramientas como el análisis SWOT, el análisis de clientes, el análisis de la competencia, la creación de modelos financieros y demás. Otros piensan que la estrategia tiene que ver con cambiar de dirección. Sí, necesitaremos análisis, pero sobre todo necesitaremos tomar decisiones».

El enfoque, a grandes rasgos, consiste en responder a las cinco preguntas siguientes:

1 ¿A qué **aspira** la organización en general y cuáles son los **objetivos concretos** que permiten medir nuestro progreso?
2 De los posibles campos disponibles, **¿en cuáles jugaremos y en cuáles no?** Seamos claros: cuanto más nos centremos, más posibilidades tendremos de ser mejores que nuestros competidores.
3 Una vez hayamos elegido el campo, **¿cómo ganaremos** a nuestros competidores?
4 ¿Qué **habilidades** se requieren para **crecer**, mantenerse y ganar en ese campo que hemos elegido?
5 **¿Qué sistema de gestión** se necesita para **operar**, crecer y mantener esas capacidades clave?

Todas estas preguntas pueden responderse, y ajustarse a las necesidades de cada uno de los departamentos de una empresa, con la ayuda de un gráfico en forma de rueda que se desarrolló en la Harvard Business School. Basta con alinear las funciones y los planes de la empresa con la visión, la misión y el propósito de esta, situados en el centro.

Según la Harvard Business School, las empresas que elaboran un plan estratégico representan entre un 10 y un 20 % de cuantas existen en el mundo, el 91 % de los círculos ejecutivos prefieren referirse a «tomas de decisiones excepcionales», el 90 % de las empresas no ejecutan de manera sistemática su plan estratégico y el 80 % de las personas no entiende los objetivos de su empresa. En otras palabras: es muy importante que usemos alguna herramienta para poner en práctica la estrategia.

Hoshin kanri es una herramienta de planificación estratégica que permite describir la filosofía de la compañía e implementa acciones específicas para que funcione. Incorpora la visión en las estrategias, las estrategias en los proyectos y los proyectos en las acciones que debe seguir toda la plantilla.

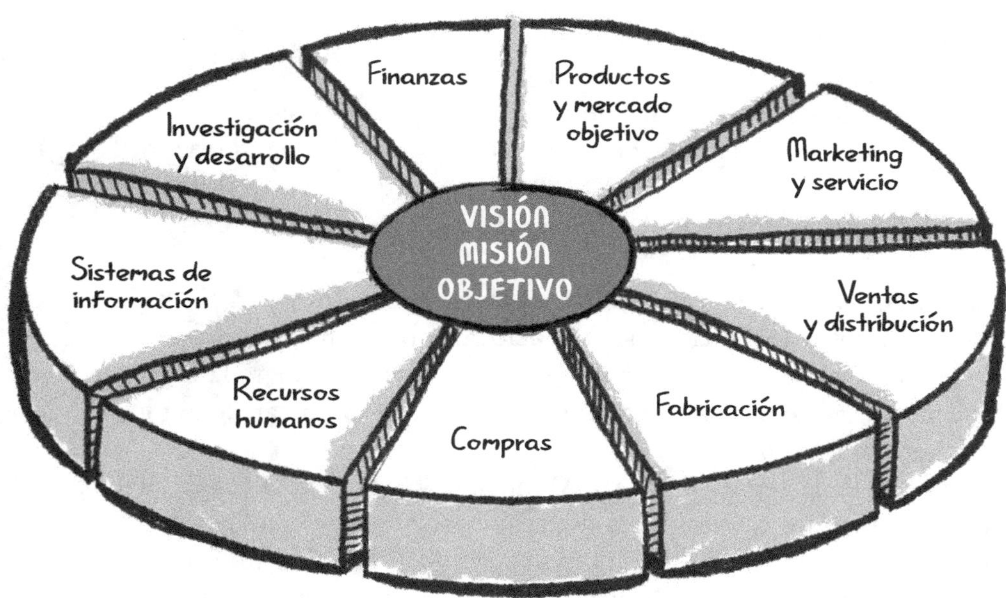

Despliegue estratégico

La planificación estratégica se basa en la creación de una propuesta de valor única que involucre a un conjunto de actividades diferentes. La esencia de toda estrategia reside en la decisión de actuar de manera distinta a como lo hacen los rivales.

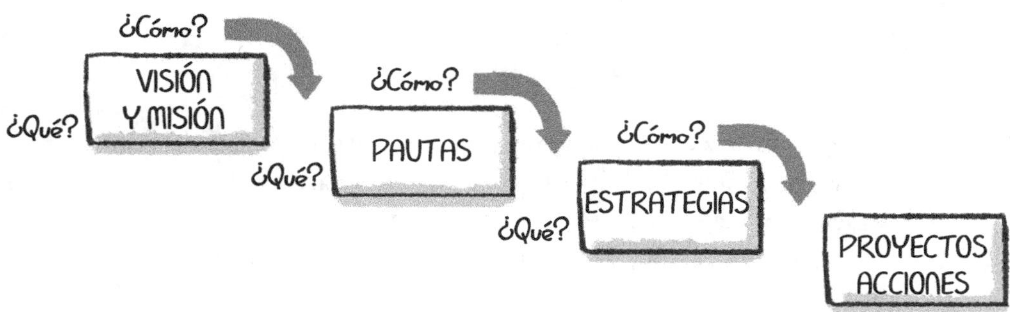

Todas las empresas necesitan el método *hoshin kanri*. No es raro encontrarse con situaciones como estas por no haberlo utilizado:

- Aparente desconexión entre los planes interanuales.
- Falta de implicación de la mayor parte de la plantilla.
- Poca relación entre estrategia y mejora continua.
- Proyectos de poca calidad.
- Tiempo de mejora demasiado largo.
- Incumplimiento constante de presupuesto y las previsiones.
- Desconexión entre la visión de la alta dirección y las actividades de la organización.
- Demasiados proyectos buenos en proceso.

El método *hoshin kanri* brinda un enfoque sistemático con el que identificar, ordenar y resolver actividades que requieren cambios o mejoras drásticos.

Funciona como **un marco** basado en la cooperación de toda la empresa para implementar tanto un plan de gestión a corto plazo como para lograr los objetivos estratégicos a largo plazo.

Después de la Segunda Guerra Mundial, algunos directivos japoneses combinaron los métodos basados en la dirección por objetivos que habían desarrollado Deming y Juran para crear un marco operativo al que llamaron *hoshin kanri*. Su nombre japonés es bastante explícito, ya que *hoshin* podría traducirse como «dirección de la aguja de la brújula» y *kanri,* como «gestión».

Existen, no obstante, otras denominaciones:

- Hoshin Planning («planificación Hoshin»; Hewlett-Packard).
- Policy Deployment («despliegue de políticas»; AT&T, Infineon Technologies).
- Policy Management («gestión de políticas»; Texas Instruments).
- Performance Management («gestión del rendimiento»; Xerox).
- Priority Management («gestión de prioridades»).
- Deployment of Goals («despliegue de objetivos»).
- Process Catchball («proceso Catchball»).

El método *hoshin kanri* es una herramienta de alineación que debe aplicarse a toda la empresa para establecer objetivos que vayan de arriba abajo. Los objetivos de la organización se materializan en acciones basadas en las prioridades que haya determinado la administración, de tal manera que los objetivos de todas las personas que trabajan en la empresa, así como los equipos que integran y las funciones que desarrollan coincidan exactamente con los que se ha planteado la organización. Además, habrá que elegir solo aquellos proyectos que contribuyan de una manera clara a alcanzar los objetivos de negocio.

Beneficios del método hoshin kanri

- Visión clara.
- Liderazgo claro a todos los niveles.
- Cada persona tiene claros su papel y sus objetivos.
- Todo el mundo comprende los objetivos de la organización.
- Los recursos, los objetivos y los medidores de gestión y control se corresponden exactamente con los objetivos y los niveles de la organización.
- Todas las personas que trabajan en la empresa participan en las tareas relacionadas con el establecimiento de objetivos, los programas de mejora y las revisiones periódicas.

¿Cuándo se utiliza?

- *Al iniciar las operaciones:* plan básico *hoshin kanri* y puntuación global (1 semana de duración).
- *Al año:* actualización del plan principal *hoshin kanri* (de 2 a 4 días).
- *Cada mes:* evaluación del progreso mediante la puntuación global o el cuadro de mando integral (1 hora).
- *Cada semana:* evaluación de los avances de la cadena de valor en la tabla de puntuación (30 minutos).
- *Cada día:* evaluación de los avances por hora y tabla de resultados diaria (5 minutos).

Muchos de nuestros clientes desarrollan su propio *hoshin kanri*, en el que definen sus objetivos financieros y sus proyectos profesionales, personales, familiares, etc.

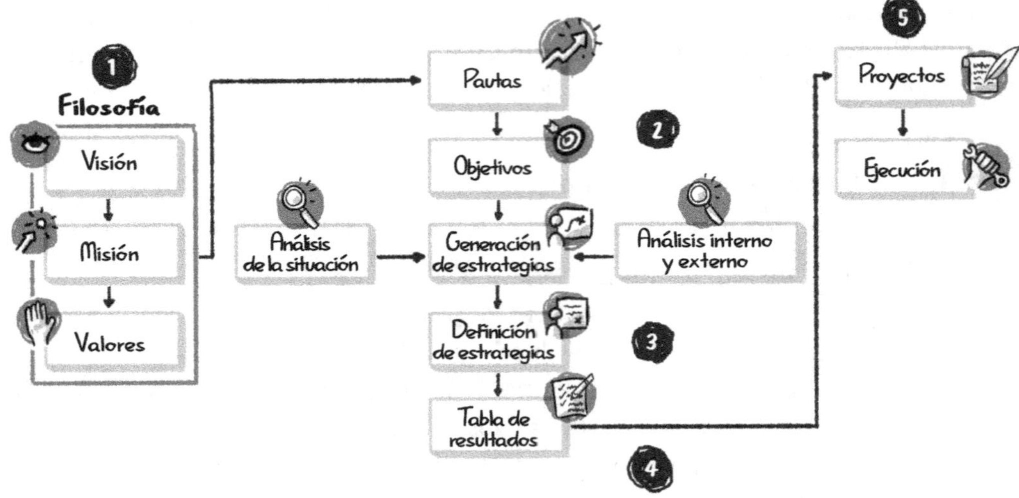

Procedimiento

El método *hoshin kanri* también permite crear un esquema breve y claro con el que puede comunicarse la visión, la estrategia y los proyectos de la empresa, y que permite además seguir su posterior desarrollo. Como puede verse, se trata de una herramienta muy sencilla pero muy potente que debería usarse continuamente, incluso para planificar la vida personal.

HOSHIN KANRI / PLANIFICACIÓN ESTRATÉGICA

Pauta	ALTA DIRECCIÓN (Pautas)				PLANIFICACIÓN DE LA GESTIÓN (Estrategias)				PLANIFICACIÓN TÁCTICA – EJECUCIÓN
	Descripción	KPI	Punto de partida	Objetivo	Estrategias	KPI	Punto de partida	Objetivo	Actividades clave / Proyectos de mejora
1. Aumentar la rentabilidad									
2. Aumentar las ventas									
3. Convertirse en una empresa de primera línea (reducción de gastos)									
4. Convertir los recursos humanos en una ventaja competitiva									

2.5   INDICADORES CLAVE DE RENDIMIENTO Y CUADRO DE RESULTADOS

Cuando la empresa cuenta con un plan estratégico, habrá que implementar el proyecto y realizar un seguimiento continuo de los resultados. Para conseguirlo, deben definirse unos indicadores clave *(key performance indicators,* KPI) para cada nivel de la organización a fin de comprender el funcionamiento real del sistema. Los KPI informan de lo que sucede durante la operación y revelan si las estrategias permiten que el rumbo se mantenga estable.

Indicadores clave de rendimiento (KPI)

Se distinguen tres niveles:

- **A: nivel de valor agregado.** Se trata de indicadores básicos que suelen establecerse a diario, se analizan cada hora y se presentan en tablas de evaluación diarios.

INDICADORES DE NIVEL

	Hora	Objetivo	Real	PAUSA Minutos	PAUSA Tipo	Defectos
1	8 a 9	10	10			
2	9 a 10	8	7	10	Parada	
3	10 a 11	10	10			
4	11 a 12	10	5	20	Reinicio	
5	12 a 13	5	4	30	Comida	
6	13 a 14	10	11			
7	14 a 15	10	2	30	Interrupción	3
8	15 a 16	10	12			
	TOTAL	73	61	90		3

- **B: flujo de valor o cuadro de puntuación del negocio** *(business box score).* Estos indicadores están conectados con los anteriores. Son muy importantes a la hora de tomar una decisión correcta para el desarrollo del plan de negocio. Se presentan en un cuadro *(box score)* y se analizan cada semana.

Gracias a este cuadro semanal, los equipos disponen de 52 oportunidades —tantas como semanas tiene un año— para tomar las mejores decisiones y adoptar

TABLA DE RESULTADOS (BOX SCORE)

KPI	Punto de partida	Objetivo	Semana				
			1	2	3	4	5
Net Promoter Score	55 %	70 %	51 %	54 %	49 %	55 %	57 %
Días antes del lanzamiento de nuevos productos	123	45	123	123	94	94	94
Cuota de mercado	12 %	15 %	11 %	12 %	12 %	12 %	13 %
Nivel sigma de las instalaciones	3,3	4,2	3,3	3,3	3,3	3,4	3,8
Entregas a tiempo	78 %	99 %	77 %	76 %	79 %	70 %	79 %
Eficiencia general de los equipos (OEE)	53 %	78 %	51 %	49 %	55 %	61 %	68 %
Tiempo de entrega (días)	12	8	12	12	12	12	10
Rotación de inventario	4	12	4	4	4	4	7
Costo de la mala calidad	125 K	12 K	29 K	111 K	121 K	135 K	122 K
Desarrollo de certificación	21 %	78 %	21 %	21 %	21 %	25 %	28 %
Sugerencias por persona	0,2	1	0	0	0	0	0
Accidentes	3	0	0	0	0	0	0
Demanda	2.500	7.500	2.450	2.355	2.143	3.450	4.597
Capacidad de producción	7.500	10.000	7.500	7.500	7.500	7.800	7.800
Capacidad disponible		25 %	67 %	69 %	71 %	56 %	41 %
Valor de inventario	24 M	2.450	23.100.000 €	24.100.000 €	23.123.000 €	22.913.400 €	22.098.123 €
Ingresos	3,5 M	7.500	3.304.500 €	3.445.670 €	3.120.670 €	3.872.100 €	3.850.215 €
Costos de material	2,45 M	67 %	2.511.420 €	2.411.969 €	2.122.056 €	2.594.307 €	2.541.142 €
Costos de conversión	1,2 M	2.450	1.234.980 €	1.345.670 €	1.234.700 €	1.129.000 €	1.150.570 €
Beneficios del Flujo de valor	-0,15 M	7.500	- 441.900 €	- 311.969 €	- 236.086 €	148.793 €	158.503 €
Flujo de valor ROS	0 %	67 %	-13,37 %	-9,05 %	-7,57 %	3,84 %	4,12 %

medidas correctivas o preventivas si fuese necesario. Como puede verse, este método proporciona mucha mayor certeza y agilidad que si, por ejemplo, las tablas se realizasen con una periodicidad mensual.

Este cuadro de puntuación, además, permite encarar distintas perspectivas de negocio y centrarnos en el equipo en lugar de tener indicadores o funciones separadas. Una gestión Lean combinada con este método permite conocer de inmediato qué es más importante para clientes, accionistas y personal de la empresa, y ofrece la oportunidad de administrar un sistema en el que ya no se mide a personas o departamentos, sino el sistema en su conjunto.

- **C: nivel corporativo.** Este conjunto de indicadores se necesita cuando hay más de una unidad de negocio. Suele analizarse cada mes mediante el cuadro de mando integral *(balance scorecard)*:

BALANCE SCORECARD

ALTA DIRECCIÓN					Mes (1-12)						
OBJETIVOS	DESCRIPCIÓN	INDICADORES	Punto de partida	Objetivo	1	2	3	4	5	6	7
1. Aumentar la rentabilidad	Aumentar el rendimiento de las inversiones (ROI) del 7 al 12 %	ROI de la empresa	7 %	12 %	7 %	7,1 %	7,3 %	8,2 %	8,7 %	9,4 %	9,5 %
2. Aumentar las ventas	Aumentar las ventas domésticas del 10 al 15 %, y las ventas internacionales del 29 al 32 %	Ventas domésticas	10 %	15 %	2 %	3,1 %	2,1 %	2,2 %	4,5 %	4,7 %	5,6 %
		Ventas internacionales	29 %	32 %	28 %	28,2 %	17,3 %	27 %	29,5 %	32 %	29 %
3. Convertirse en una empresa de primera línea (reducción de gastos)	Aumentar la rentabilidad de la operación del 10 al 15 %, reducir los fallos, aumentar la satisfacción del consumidor NPS > 70 % y reducir el costo en un 11 %	Productividad	25 %	45 %	22,3 %	23 %	21 %	25 %	24,3 %	28 %	31 %
		Costo de las ventas	15 %	< 11 %	15 %	17 %	14 %	17 %	14 %	13 %	12 %
		NPS	40 %	70 %	45 %	44 %	49 %	57 %	66 %	67 %	64 %
4. Convertir los recursos humanos en una ventaja competitiva	Alcanzar un índice de reemplazo que sea menor del 1 %	Reemplazo en la empresa	7 %	1 %	8 %	9 %	5 %	3 %	3 %	4 %	3 %

Conviene tener en cuenta que los KPI de todos los niveles están relacionados con los indicadores de nivel corporativo. Se implementan en un cuadro de resultados de nivel *(box score level)* y están vinculados al nivel de proceso o actividad para coordinar las actividades y los resultados en el mismo sistema.

2.6   ESTRUCTURA Y MAPEO DEL FLUJO DE VALOR

La mayoría de empresas se organiza mediante una estructura similar a la de un árbol genealógico.

Las organizaciones plenamente operativas tienen la ventaja de disponer de una diferenciación jerárquica muy clara tanto por lo que respecta a los puestos como a los niveles. Sin embargo, presentan problemas de comunicación interna y carecen de mecanismos que permitan la toma de decisiones en sentido horizontal.

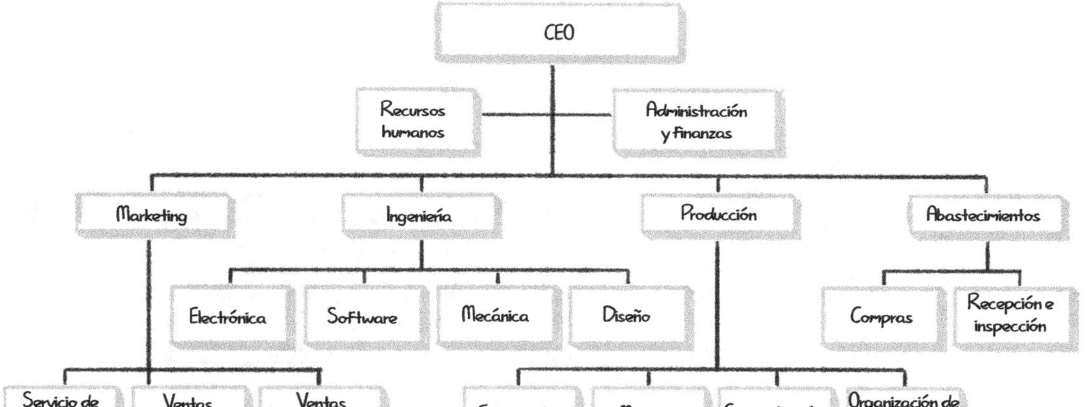

Este tipo de estructura funciona relativamente bien cuando solo se fabrican unos pocos productos o se brindan unos cuantos servicios a gran escala. Sin embargo, el mercado ha cambiado y ahora se exige una gran variedad de productos que deben suministrarse en pequeñas cantidades y cuanto antes, de ahí que una estructura como esta sea inviable. La comunicación es un elemento clave para las empresas que han adoptado el sistema de gestión Lean Six Sigma, ya que les permite trabajar con agilidad y, además, ser muy versátiles. La estructura tradicional no facilita que el flujo de información llegue a todo el personal. Aunque cada departamento aporte valor al conjunto, los trámites burocráticos aumentan la complejidad del trabajo.

Los flujos de valor *(value streams)* son unidades de negocios integradas por equipos multidisciplinares que se encargan de crear valor para el cliente desde el momento en que se realiza el pedido hasta que se hace efectivo el pago de este. El diagrama de flujo de valor permite seguir todo el proceso de principio a fin y demuestra cómo pueden satisfacerse las necesidades de los clientes a la hora de brindar una gama de servicios y productos sin que deba recurrirse a un entramado burocrático complejo.

Cada flujo de valor se compone de una familia de productos cuyo proceso de producción se basa en unas operaciones similares. Cuando se organiza una empresa mediante flujos de valor, se regresa en cierto modo al punto inicial en que esta empezó, aunque en esta ocasión se dispone de un equipo de personas repartidas en diversas áreas dedicadas enteramente a ofrecer valor al cliente y responsabilizarse de todo el proceso, analizar toda la información que se genera durante el mismo y, sobre todo, tomar decisiones. Así pues, ¿qué puede decirnos de su empresa? ¿Considera que está bien organizada? Si no fuera así, ¿hay que cambiar algo?

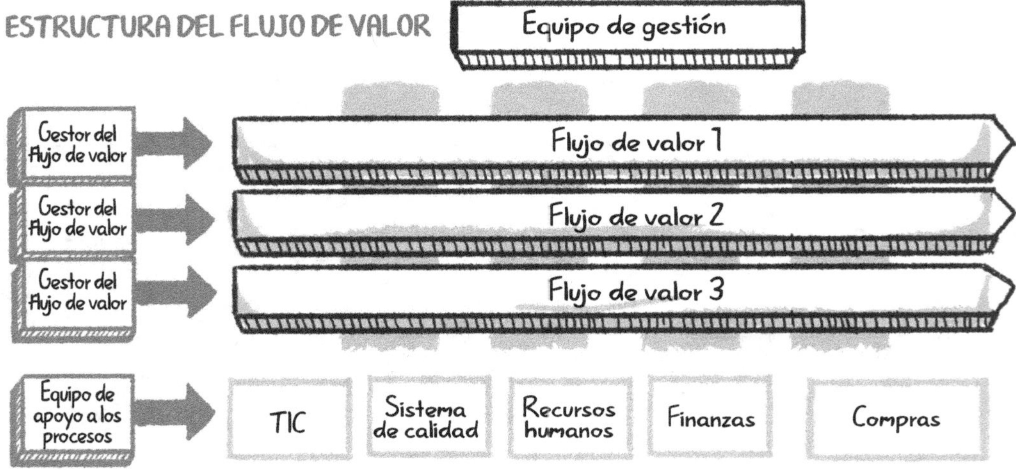

Una de las causas principales por las que fracasa el desarrollo de una estrategia y la aplicación del sistema Lean Six Sigma estriba en que muchas empresas acometen proyectos e implementan herramientas en todos los rincones de la empresa y al mismo tiempo sin establecer un enfoque preciso de las necesidades.

Los mapas de flujo de valor proporcionan un conocimiento detallado de cualquier proceso en una empresa (por ejemplo, teniendo en cuenta el servicio, la producción y toda la cadena de suministro). El mapa de flujo de valor permite comprender con claridad el modo en que se desarrolla un proceso y detectar aquellas actividades que no aportan valor.

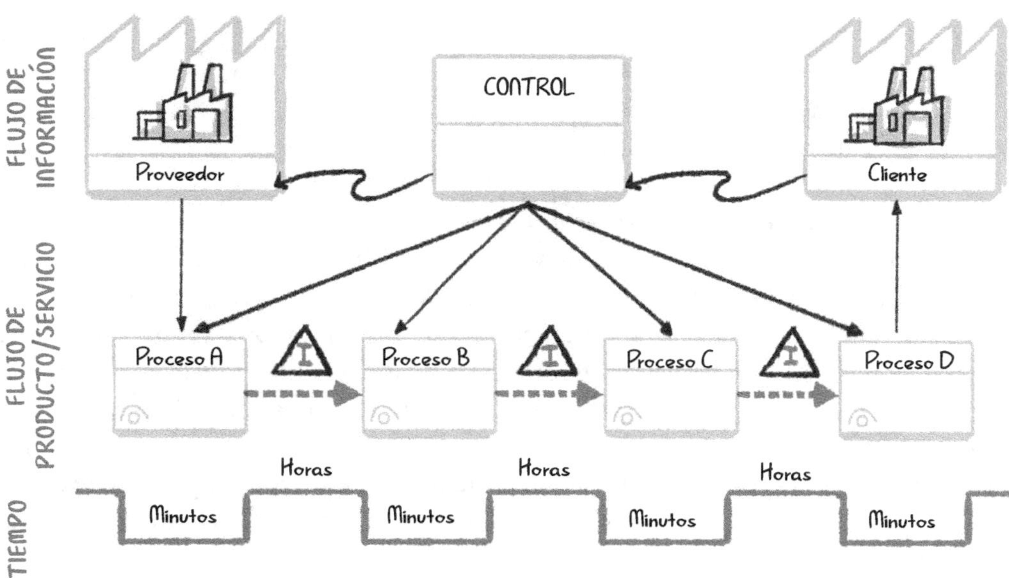

Asimismo, el mapa de flujo de valor se utiliza como una herramienta estratégica para establecer planes y proyectos de mejora con enfoques y objetivos específicos. Por lo tanto, la estrategia y la implementación de un proyecto tendrán mayores posibilidades de éxito si nos centramos en las principales limitaciones.

Tipos de mapas

Mapa del estado actual

Constituye un documento de referencia para determinar las actividades que no aportan valor al proceso y refleja la situación actual de la cadena de valor.

Mapa del estado futuro

Presenta la mejor solución a corto plazo de la operación, teniendo en cuenta las mejoras que se incorporarán en el sistema de producción.

Proceso de flujo de valor

- Establece la estrategia que debe desarrollarse en el proceso antes de ejecutar cambios.

- Representa el proceso en múltiples niveles.
- Muestra el flujo y las fuentes de residuos.
- permite analizar los procesos con un mismo lenguaje.
- Brinda un modelo para crear flujo e implementar conceptos y técnicas propias del sistema Lean Six Sigma.
- Detecta cuellos de botella.
- Indica áreas de oportunidad.

Elementos de un mapa de flujo de valor

En la parte superior del mapa, puede verse cómo el flujo de información se mueve de derecha a izquierda para conectar las necesidades del cliente en términos de cantidad y muestra la frecuencia con que este solicita productos o servicios. En la parte central, se aprecian los pasos del proceso para producir un producto o un servicio relacionados con una flecha (*push arrow*). Entre paso y paso, además, figura el correspondiente inventario.

Por último, en la parte inferior se lee el tiempo de valor añadido que se requiere en cada paso, así como el no-valor añadido, representado por el inventario o la cola, si se tratase de un servicio.

Cómo desarrollar un mapa del flujo de valor actual

1 En primer lugar, se define el alcance del proceso. Bastará con seleccionar cualquiera de los procesos interno que hayan generado el problema principal de la empresa (por ejemplo, la entrada de pedidos, el servicio de urgencias en un hospital, el proceso de fabricación, etc.)

2 A continuación, se define el producto o la familia de servicios agrupando estos de acuerdo con los pasos o equipos similares que se necesiten.

3 Se desarrolla el mapa de flujo de valor actual para encontrar el cuello de botella en el sistema y reconocer los residuos que se generan durante el proceso.

4 Nada más queda preparar un mapa del flujo de valor futuro para establecer la solución potencial y los resultados esperados. Este mapa debe convertirse en un plan táctico para llevar a cabo la estrategia.

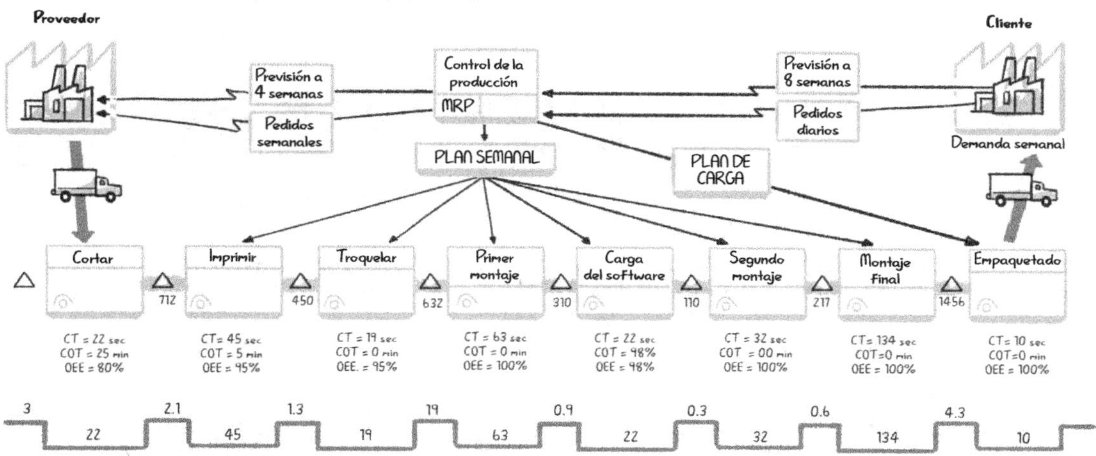

Mapa de flujo de valor futuro

Constituye la mejor solución posible y representa los proyectos que deben desarrollarse para alcanzar los resultados deseados del plan estratégico. La dirección de la empresa ha de saber interpretarlo para darse cuenta del impacto que tendrán los proyectos y las mejoras que se lleven a cabo. Es recomendable que cada empresa, cada unidad de negocio o cada planta desarrollen un mapa del flujo de valor actual y otro del flujo de valor futuro al menos dos veces al año, así como un conjunto de actuaciones de mejora que deberán desarrollarse como parte del plan táctico.

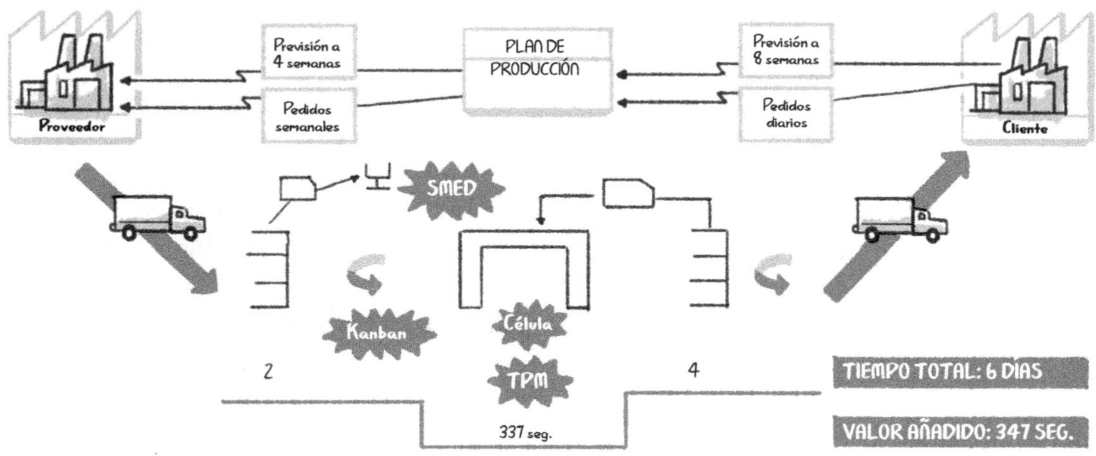

Resultados obtenidos

MEJORAS EN VSM	UNIDAD	PRESENTE	FUTURO	MEJORA POR UNIDAD	MEJORA (%)
Total del área usada	Metros cuadrados	1.259	640	679	49 %
Operarios	Empleados	10	5	5	50 %
Distancia de recorrido	Metros	185	92	93	50 %
Tiempo puerta a puerta	Días	14,4	6	8,4	58 %
Inventario (RM)	Días	3	2	1	33 %
Inventario (WIP)	Días	7,1	0	7,1	100 %
Inventario (FG)	Días	4,3	4	0,3	7 %
Inventario	Facturación (año)	16,7	40	23,3	240 %

Usos del mapa de flujo de valor futuro

- Comprender toda la cadena de suministro mediante un solo documento.
- Establecer la estrategia que deberá desarrollarse antes de realizar cambios.
- Visualizar el proceso en múltiples niveles.
- Proporcionar un lenguaje común para el análisis de procesos.
- Proporcionar un modelo para crear el flujo e implementar las herramientas Lean Six Sigma.
- Definir metas futuras y logros de desempeño.

Cómo desarrollar un mapa de flujo de valor futuro

1 En primer lugar, habrá que calcular la capacidad del proceso.
2 A continuación, se identificará el modo más adecuado como pueden conectarse todos los pasos del proceso en un flujo continuo.
3 Se dibuja el flujo de valor futuro requerido para producir mejores resultados.
4 Se cuantifican los posibles resultados.
5 Se desarrolla un plan sobre el estado futuro de la empresa.

Para la empresa, es muy importante saber cuánto se ha mejorado, hasta qué punto los términos de entrega, el aumento de la calidad y la reducción de inventario constituyen una ventaja frente a sus competidores.

Tal como se aprecia en la tabla de resultados obtenidos, si se realiza un mapa de flujo de valor con atención, la productividad se incrementará de manera sorprendente.

2.7   GESTIÓN ÁGIL DE PROYECTOS CON *SCRUM*

La parte más importante de la gestión estratégica radica en la ejecución. La gestión de proyectos (o *project management)* ayuda a las empresas a desarrollar sus estrategias desplegando e implementando con éxito el proyecto.

El *hoshin kanri* y el mapa de flujo de valor proporcionan un conjunto de proyectos importantes que deben desarrollarse. Suelen usarse cuando la dirección de la empresa decide el método de gestión de proyectos que se adoptará para garantizar la implementación correcta y lograr los resultados esperados.

Apenas el 20 % de las empresas elaboran un plan estratégico y, de estas, solo el 8 % logra implementarlo con éxito. La causa principal del fracaso estriba en la gestión inadecuada de esos proyectos. Muy pocas empresas cuentan con las habilidades necesarias para conseguirlo, a pesar de que todas desarrollan proyectos. Tal vez por eso no más del 10 % desarrolla proyectos a tiempo y con buenos resultados.

La gestión ágil de proyectos (o *agile project management)* permite gestionar proyectos complejos en situaciones de gran incertidumbre. En 1986, los profesores Hirotaka Takeuchi e Ikujiro Nonaka publicaron el artículo «The new product development game» en la *Harvard Business Review.*

Ambos estudiaron a los equipos más productivos e innovadores de empresas de todo el mundo, como Honda, Fuji, Xerox, 3M, etc., y concluyeron que la antigua forma de desarrollar un producto, el método de trabajo en cascada, presentaba diversos fallos. Las mejores empresas, en cambio, han adoptado un proceso de desarrollo interconectado mucho más flexible.

Los equipos eran interfuncionales y flexibles. La dirección no se limitaba a dar órdenes, sino que lideraba y facilitaba el trabajo mediante la eliminación de obstáculos. Los autores comparaban su trabajo al que se desarrolla en un partido de rugby.

Scrum funciona de una manera parecida a este deporte, en el que todo el equipo colabora para ganar. Después de que se publicase el artículo, Ken Schwaber y Jeff Sutherland crearon este método como un marco en el que desarrollar proyectos con éxito. En 2001, un grupo de 17 expertos, entre los que se incluían Schwaber y Sutherland, firmaron el *Agile Manifesto.*

Beneficios del *scrum*

- Coordina objetivos individuales y corporativos.
- Crea una cultura basada en el rendimiento.
- Apoya la creación de valor para los accionistas.
- Logra niveles de comunicación estables y constantes en todos los niveles.

Scrum constituye un marco en el que las personas pueden resolver problemas complejos de una manera productiva y creativa, y generan productos del mayor nivel posible.

Elementos *scrum*

- Papeles de los participantes (propietario del producto, miembros del equipo, jefe de proyecto *scrum).*
- Operaciones *scrum* (iteración o *sprint planning, scrum* diario, revisión de la iteración, retrospectiva de la iteración).
- Artefactos (lista de objetivos o *backlog product,* lista de tareas de iteración o *sprint backlog,* gráficos de trabajo pendientes o *burndown chart).*

Responsabilidades del propietario del producto

- Mejorar la velocidad de desarrollo del proyecto.
- Coordinar objetivos individuales y corporativos.
- Crear una cultura basada en el rendimiento.
- Apoyar la creación de valor para los accionistas.
- Lograr niveles de comunicación estables y consistentes en todos los niveles.

Responsabilidades de cada miembro del equipo

- Integrarse en equipos autoorganizados de cinco a diez miembros especializados en diversas funciones (control de calidad, diseño, ingeniería, etc.).
- Los equipos pueden variar de una iteración a otra.
- Desarrollar actividades y tareas del proyecto.

Responsabilidades del responsable de proyecto *scrum*

- Asegura que el *scrum* se entiende y se practica correctamente.
- Organiza y motiva a los miembros del equipo.
- Prepara reuniones y supervisa el desarrollo de proyectos.
- Ayuda a eliminar obstáculos.

El método *scrum* es un sistema de gestión de proyectos ágil y eficaz porque proporciona el tiempo necesario para que cada proyecto:

- **Defina la visión del proyecto** para establecer objetivos y coordinar cada proyecto con las estrategias ya establecidas en el *hoshin kanri.*
- **Haga un mapa** para desarrollar un plan de alto nivel con el que describir todas las características que el proyecto debe tener para que se cumpla la visión.

- **Desarrolle un plan de lanzamiento** para que el equipo se centre y tenga una comprensión completa de todos los elementos del proyecto mediante la lista de objetivos.
- **Desarrolle un plan de iteración** *(sprint plan)* en el que se establezca el ritmo del proyecto para realizar entregas funcionales o productos mínimamente viables para trabajar de manera inteligente y aprender de manera continua. Cada *sprint plan* debe diseñarse cuidadosamente.
- **Permita que los equipos multifuncionales y autónomos desarrollen productos mínimamente viables.** Cada equipo se asigna las tareas y administra los ritmos para asegurarse de que el producto de su trabajo posee una gran calidad y de que se entrega a tiempo.
- **Organiza reuniones** que se celebran a diario para que todos los miembros del equipo demuestren su compromiso y expresen sus preocupaciones.
- **Se asegura de que los productos se presentan** al final de cada iteración o *sprint plan,* de tal manera que el equipo aporte un producto funcional en un intervalo que puede ir de una a cuatro semanas y pueda analizarse qué funcionó bien y cuáles fueron los inconvenientes. De ese modo pueden desarrollarse ideas con las que mejorar las próximas iteraciones.

En la siguiente figura puede verse **cómo se desarrolla** el *scrum* para ofrecer excelentes resultados en un tiempo récord y, de paso, garantizar que la estrategia se lleva a cabo con éxito.

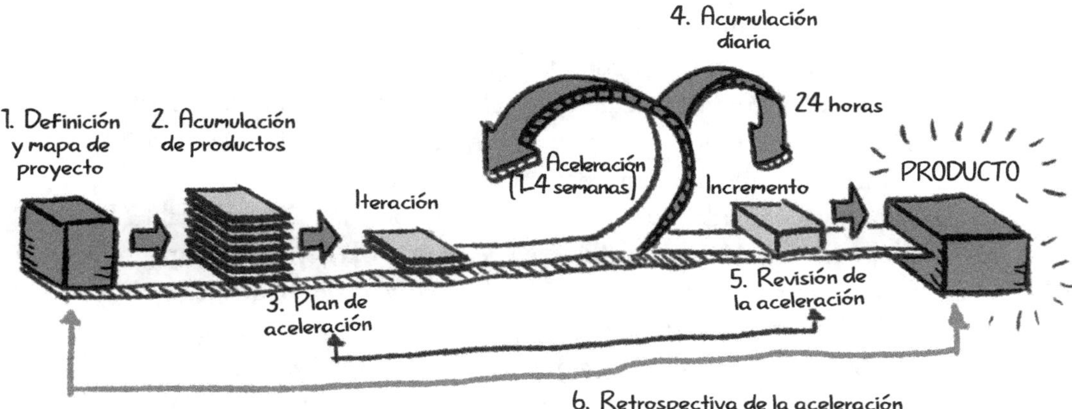

2.8   LEADER STANDARD WORK

En primer lugar, veamos en qué consiste el método *standard work*. Con este nombre se conoce a un conjunto de procesos definido para una tarea que se realiza de manera regular. Para hacerse una idea, basta con pensar en el vuelo de una línea aérea, en el que todos —desde el piloto hasta los asistentes de vuelo, pasando por el personal de apoyo— cumplen con unas tareas claras.

A la hora de implementar el sistema de gestión Lean Six Sigma, es importante contar con esas instrucciones de trabajo estándar en todas las áreas, incluso las que atañen directamente a la dirección y los responsables de equipo.

La mayoría de las organizaciones que adoptan el sistema Lean Six Sigma suelen carecer de un ingrediente clave para mantenerlo. Una cultura basada en la eficiencia solo se consigue si se dispone de un sistema de gestión bueno y vivo. Y esa cultura solamente puede construirse mediante la adopción de un conjunto de actividades y hábitos que deberán comenzar por la eliminación de todo lo que se considere residual. Solo de este modo, y de manera gradual, esos hábitos se convertirán en la forma definitiva en que nos comportamos y actuamos.

Un flujo de valor saludable lleva a un flujo de valor igualmente saludable. El método *leader standard work* es el motor del sistema de gestión y la herramienta más influyente a la hora de adoptar la cultura de la eficacia (o *lean culture),* de ahí que se haya incluido en este capítulo dedicado a la estrategia. Su aplicación permite que cualquier líder pase de un enfoque basado en los resultados a otro doble, basado en los procesos y los resultados. El método incita a adoptar los comportamientos necesarios para transformar la cultura de la empresa y crear un nuevo entorno de trabajo que propicie la colaboración y depare un grado de satisfacción alto. Además, ayuda a las personas que se incorporan al equipo directivo a convertirse en líderes con un alto rendimiento, evita que la dirección y las personas responsables de equipos caigan en la improvisación, y anima y reta a los líderes a enseñar, adiestrar y ayudar a todos en la resolución de problemas.

¿Y por qué el *leader standard work?*

El sistema de gestión debe documentarse con claridad. Hay que dejar constancia de todas las actividades que los líderes deban realizar durante el día y asegurarse de que estas siempre aporten valor añadido. Además, debe definir el comportamiento que se espera de un líder, pues este tendrá que mostrar a los demás cuáles son las actividades realmente importantes en las que conviene centrarse. De ese modo, la persona que adopte ese método dispondrá de un sistema bien estructurado y bien documentado que pueden aprender los nuevos líderes para enseñarlo a su vez. En cierto modo, se trata de una forma de configurar el lugar de trabajo. Todo depende del proceso, no de las personas. El *leader standard work* ofrece un enfoque sistemático para identificar oportunidades y aporta una lista de actividades que deben realizarse para asegurar el sistema de trabajo (auditorías, reuniones, revisiones de proyectos, etc.). Cuando las personas más cualificadas se convierten en supervisoras o responsables de equipo, no siempre poseen los conocimientos o las habilidades necesarios para cumplir con la tarea y acaban por abandonar sus labores para con-

Leader standard work

En una ocasión, se nos pidió que implementásemos el sistema de gestión Lean Six Sigma en una empresa de procesamiento de alimentos. Durante el proyecto, nos dimos cuenta de que todos los líderes tienen prioridades, objetivos y enfoques distintos, y que rara vez se encontraban en sus puestos de trabajo porque debían realizar un gran número de labores administrativas que no aportaban ningún valor. Así, decidimos organizar diversos talleres para definir las tareas estándares que deberían llevarse a cabo cada día, cada semana y cada mes. Ahora, todas las actividades se han coordinado con la visión, la estrategia, el *hoshin kanri* y las auténticas prioridades. Los líderes se volvieron más efectivos y los empleados se alegraron de ver a los gerentes en la planta y contar con su ayuda. Los resultados mejoraron rápidamente.

vertirse en meros burócratas, sobre todo cuando sus funciones no están descritas.

No siempre se supervisa a los jefes de equipo. Por lo general, trabajan en entornos muy hostiles que echan a perder su talento y su experiencia, y los obligan a actuar como supervisores antes que como guías. De hecho, a menudo no pueden enseñar todo lo que saben por falta de tiempo o porque piensan que no es su responsabilidad.

En 1911, Frederick Taylor desarrolló un sistema de gestión científica del trabajo que, con el paso del tiempo, llevaría al método del trabajo estandarizado.

En el ejemplo siguiente, puede verse cómo, si se documenta el horario de trabajo de cada líder, este dispone de más oportunidades para las actividades de gestión y centrarse en lo realmente importante (la formación, el tiempo dedicado a los proyectos, el aprendizaje, la consultoría, etc.).

LEADER STANDARD WORK

HORA	TAREA
8:00	Reunión (sobre la marcha)
8:15	Gemba Walk
8:30	Revisión del LSW de Alicia y Jorge
8:45	Correo electrónico y mensajes de voz
9:00	Preparar la reunión
9:15	Reunión
9:30	Reunión
9:45	Plan de producción / Asuntos pendientes
10:00	Primera revisión del rendimiento de la producción
10:15	
10:30	Seguimiento de las tareas
10:45	
11:00	Proyectos
11:15	Proyectos
11:30	Proyectos
11:45	Proyectos
12:30	Segunda revisión del rendimiento de la producción
12:45	
13:00	Resultados de la presentación y el seguimiento de las tareas
13:15	Tareas pendientes
13:30	Tareas pendientes
13:45	
14:00	
14:15	
14:30	Tercera revisión del rendimiento de la producción
14:45	
15:00	
15:15	Simulaciones de costes
15:30	
15:45	
16:00	
16:15	Revisión de las entregas a tiempo

DÍA	HORA	TAREA
L	9:00	Programa de producción y entrega
M	11:00	Sesión de formación
X	9:00	Reunión
J		
V		

MENSUAL		
1.er lunes	9:00	Informe mensual sobre la producción
2.º martes	9:00	Revisión del proyecto
3.er martes	9:00	Revisión de la formación

HOJA DE EJEMPLO

2.9   KATA

La mayoría de las compañías tienen al frente a personas que trabajan duramente, que desean que sus equipos —y, por extensión, toda la organización— tengan éxito. A veces, se experimenta una cierta frustración al ver que los resultados no se corresponden con lo esperado. En esas ocasiones, el problema no reside en las personas, sino en el sistema de gestión.

Un sistema de gestión es la búsqueda sistemática de situaciones deseadas mediante el uso coordinado de capacidades y competencias. Sin duda, no puede predecirse el futuro, pero siempre cabe la posibilidad de adaptarse a los cambios y a las necesidades del cliente.

El método *kata* es la forma en que Toyota gestiona la mejora continua y la adaptación a un entorno cambiante. Los *kata* son rutinas, cadenas de hábitos que nos ayudan a adoptar nuevas formas de actuar y pensar. Son un patrón de pensamiento científico que se combina con ciertos comportamientos prácticos con los que desarrollamos nuevas formas de pensar y actuar.

Kata se basa en la repetición de cuatro pasos con los que una organización mejora y se adapta. Dicha mejora se consigue mediante un método científico basado en el planteamiento de problemas y su posterior resolución, conocido como **planea, haz, comprueba** y **actúa.**

Estos son los cuatro pasos:

La práctica del método *kata* nos ayudará a lograr el objetivo que buscamos en un proceso que evitará que nos perdamos en ideas inconexas. Bastará con seguir un modelo centrado en mejoras basadas en hipótesis, experimentos y un seguimiento bien fundamentado.

Para ello, se desarrollan hábitos bien estructurados con los que ejercitar el aprendizaje y el trabajo en equipo. Se trata de una manera de transferir habilidades, desarrollarlas y compartir diversos modos de pensar en el seno de un grupo u organización.

El sistema de gestión Lean Six Sigma solo funciona si brindamos a diario experiencias de aprendizaje y mejora, no solo cuando se lleva a cabo un evento *kaizen*. La responsabilidad de la dirección de una empresa no consiste en aplicar soluciones, sino en desarrollar las habilidades de la plantilla.

Elementos del método *kata*

I Utilizaremos una pizarra específica, la *pizarra kata,* que deberá colocarse en el piso o en el despacho donde se mejorarán el trabajo y los resultados.

II Se usa una *tarjeta con preguntas* en la que se leerán las preguntas que se harán mientras se desarrolla el *kata*. Por lo general, contiene cinco preguntas que debe hacer el jefe del área donde se lleva a cabo el *kata*.

III En la *lista de obstáculos* se escriben todo aquello —o, por lo menos, lo más importante— que impide alcanzar la condición objetiva.

IV El operador deja constancia en un *registro del ciclo de mejora* de los experimentos, los resultados y lo aprendido.

El personal responsable de todos los niveles debe recurrir al método *kata* junto con quienes trabajan en los procesos de producción o de servicios. Tendrá que hacerlo cuando se busque lograr una condición objetiva que no se haya logrado en términos de calidad, costo, entrega, seguridad, moral, etc.

El método *kata* consiste en un proceso sencillo que dura entre 10 y 15 minutos cada vez. Sin embargo, si se realiza con asiduidad, permite resolver grandes problemas en un lapso de tiempo muy breve.

¿Cómo se llevan a cabo los katas?

1 Los líderes deciden el lugar y el proceso.
2 Se programa un tiempo específico para cada *kata*.
3 El líder formula las preguntas que se enumeran en la tarjeta.
4 El dueño del proceso (o *process owner*) responde a las preguntas.
5 El equipo de proceso realiza los experimentos.
6 Los líderes llevarán a cabo un nuevo *kata* para tomar nota de los resultados de los experimentos así como de lo que se ha aprendido.

2.10   EL PASEO *GEMBA*

Gracias a este método, resultará más sencillo detectar los problemas y dar con las ideas necesarias para la mejora. Hay que ir adonde suceden las cosas y adonde las personas necesitan ayuda. El *gemba,* también conocido como *paseo gemba* o *gemba walk,* es una actividad que lleva la gestión a la primera línea del frente para descubrir los residuos y las oportunidades, realizar un evento *kaizen* o introducir algunas mejoras en el área de trabajo.

«Mientras observa durante el *gemba*, haga algo para ayudarlos. Si lo hace, la gente se dará cuenta de que usted puede ayudarlos y esperará a verle de nuevo durante el *gemba»,* **Taiichi Ohno.**

Fujio Cho, antiguo directivo de Toyota, estableció estas pautas para *gemba walks:*
- Ve y mira.
- Mantente en contacto todo el rato.
- Pregunta por qu**é.**
- «Usa el ¿por qué? a diario. Literalmente».
- Muestra respeto.

Observar y aprender
- Adoptar la mentalidad de un estudiante durante el paseo *gemba.*
- Mantener la mente abierta y hacer muchas preguntas abiertas.
- Aprende y no juzgues para evitar consejos a destiempo.

El sistema Lean Six Sigma se ha convertido en una filosofía de mejora conocido a escala mundial que utiliza algunas herramientas estandarizadas (VSM, *kanban, cells,* SMED, 5 S, *hoshin kanri,* etc.). La aplicación de las herramientas adecuadas a una situación suele dar buenos resultados, pero estos solo se mantienen durante un cierto período de tiempo (de uno a dos años). Los programas de mejora necesitan líderes fuertes para mantener el sistema y mejorar constantemente los resultados. Si este no es el caso, los programas de mejora se terminan o se abandonan porque no hay líderes que los mantengan. Vea la imagen a continuación:

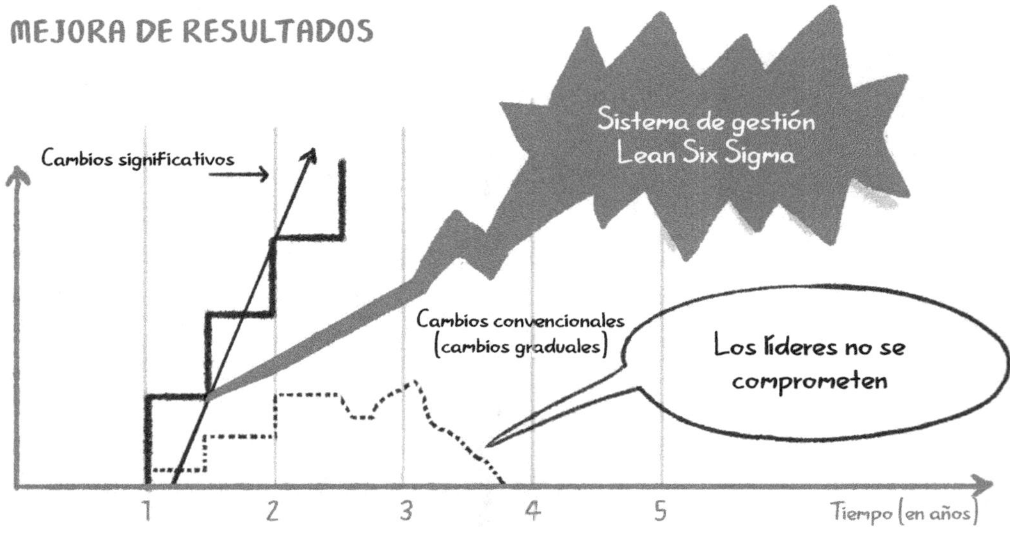

Los empresarios de primera línea pasan al menos el 80 % de su tiempo planificando, preparando y llevando a cabo estrategias de alto nivel. Pero ¿qué hacen con el resto? Si pasan menos del 25 % de su tiempo en el lugar donde suceden las cosas *(gemba)*, deben reorientar sus prioridades. Habrá que reajustar su horario si quieren desarrollar una estrategia basada en el sistema Lean Six Sigma.

¿Qué no es gemba?

- Caminar sin propósito,
- Una oportunidad para encontrar fallos en los demás.
- Un tiempo dedicado a resolver problemas y hacer cambios.
- Ver el lugar de trabajo con una cámara mientras se está sentado frente al escritorio.
- El escritorio de un gerente no es *gemba*.

El propósito de los paseos *gemba* es concentrarse, aprender y observar los procesos; no evaluar el desempeño de la plantilla.

¿Por qué se camina?

- Para comprender cómo se crea realmente el valor en la organización.
- Para ver y reconciliar el proceso de creación de valor (horizontal) con el liderazgo que desempeña la dirección (vertical).
- Para establecer una relación de confianza entre los líderes y el personal.
- Para mostrar compromiso de liderazgo con las iniciativas Lean Six Sigma.
- Para promover la costumbre de rendir cuentas dentro de la organización.

¿Quiénes realizan los paseos gemba?

- Presidencia y vicepresidencia.
- Gerencia general.
- Gerentes funcionales.
- Gerentes de cadena de valor.
- Responsables de **á**rea.
- Responsables de equipo.

*«Al principio, se creían que la gente se molestaría. Con el tiempo, quedó claro que solo quería ver el proceso como si fuera un cliente. Puedo trabajar mejor si tengo información de primera mano sobre "lo bueno, lo feo y lo malo"», **Bob Nardelli, CEO de Home Depot.***

2.11   GESTIÓN DEL TALENTO

Toyota no solo produce vehículos: también es el mejor ejemplo en su clase a la hora de desarrollar un gran talento. Aunque muchos han intentado copiar su modelo para mejorar el rendimiento, la mayoría ha fracasado porque no dedica el tiempo suficiente al desarrollo de las personas. Por desgracia, muchas empresas dedican poco tiempo a la capacitación y al desarrollo de la plantilla a causa de una lista enorme de tareas y emergencias. El hecho de que no se brinde la formación deseada a las personas impide que se logren los objetivos propuestos y, en consecuencia, los resultados son ineficaces. Se crea así un círculo vicioso que no parece terminar nunca y, por lo general, las mejores personas abandonan la empresa al carecer de apoyos.

En las últimas décadas, el desarrollo del potencial humano sigue siendo el mayor desafío al que se enfrenta cualquier organización. Siempre decimos que la plantilla es el recurso más importante en la empresa, pero en la mayor parte de las ocasiones vemos lo contrario. Las empresas dedican mucho más tiempo a proyectos de inversión, presupuestos, resolución de problemas, etc., y se desatiende a las personas. Nos hemos encontrado con empresas cuyos sistemas de calidad se hallaban bien implementados pero que seguían teniendo problemas de calidad, productividad y, sobre todo, de comunicación. Y todo porque no se ha dedicado tiempo suficiente a la preparación y la incorporación de nuevas personas.

¿Qué es un sistema de desarrollo de talento?

Cuando Estados Unidos sopesó la posibilidad de incorporarse a la Segunda Guerra Mundial, su Gobierno comenzó a planificar el modo en que deberían formarse y adiestrarse a las mujeres y las personas mayores cuando los hombres se trasladasen al frente. Así, se desarrolló el programa Training Within Industry («Preparación en la fábrica», TWI) para que un contingente sin experiencia pudiese reemplazar a los trabajadores que estaban combatiendo. Un equipo de formadores y profesionales en ese campo concibió un método con el que registrar los conocimientos imprescindibles de cualquier empresa y preparar a ciertas personas para enseñar los conocimientos y las técnicas esenciales para que cualquiera pudiese desempeñar su trabajo de una manera activa y efectiva, tanto desde el punto de vista del liderazgo *(leadership skill training)* como de la mejora de habilidades *(skill enhancement)*.

El propósito principal era dotar a todo el mundo de los conocimientos y el grado de compromiso necesarios para que cumpliesen con su trabajo correctamente y ofreciesen productos y servicios de calidad a un precio razonable y en el menor tiempo posible.

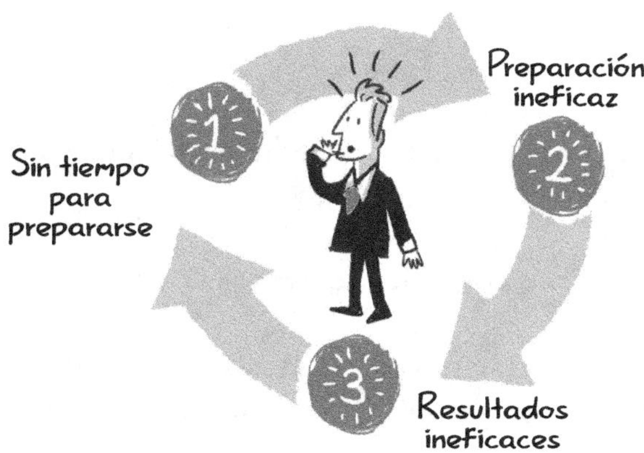

El método permite crear un estilo muy concreto de aprendizaje y capacitación de las personas para que cada una de ellas pueda alcanzar su máximo potencial. Como ya se ha afirmado, las personas son el elemento y el recurso más importante de la empresa, ya que, aun cuando todo cambie, si están bien preparadas, pueden hacer que todo siga funcionando.

Desarrollo de talento (universidad interna)

Una empresa dedicada a la fabricación de componentes para automóviles nunca se había preocupado por la formación ni el desarrollo del talento de su plantilla. Los costos debían mantenerse bajos y las personas tenían que ser rápidas y productivas. Las recién llegadas comenzaron a trabajar con lentitud. En un entorno así, resultaba imposible implementar un sistema de gestión Lean Six Sigma. El mejor programa de desarrollo de talento en el sector pudimos verlo en una empresa que creó un centro de formación propio, sencillo pero sólido, por el que tuvo que pasar todo el mundo, al que se obligaba a pasar exámenes año tras año, incluido el consejo de administración. Al cabo de tres o seis meses, se revisaban los resultados para evaluar los logros, realizar los ajustes necesarios y decidir qué acciones cabía tomar. El plan de formación y desarrollo —que afectaba también a la dirección— se puso a la vista en una enorme pizarra grande que había en el vestíbulo. Cada mes, las acciones y los objetivos cumplidos se marcaban en verde, amarillo o rojo. Sin duda, se trata de un ejemplo que demuestra cómo puede convertirse el desarrollo del talento en un enfoque clave.

Fases básicas del desarrollo de talento

1 Atracción del talento (interno o externo)

Debe existir un proceso que permita el desarrollo del talento adecuado, ya sea dentro o fuera de la empresa.

- *Reclutamiento:* conviene asegurarse de que se entrevista a las personas adecuadas.
- *Selección:* tiene que contratarse a la persona adecuada por sus habilidades, su experiencia, sus valores, su inspiración, su motivación y sus objetivos personales.
- *Incorporación:* un buen plan asegurará un programa de capacitación efectivo y completo para que la persona se ponga al día lo antes posible.

2 Desarrollo del talento

Tras la incorporación de una nueva persona en la empresa, el proceso continúa:

- Preparar la organización.
- Identificar el conocimiento clave.
- Transferir conocimiento.
- Promover y difundir.

3 Madurar e inspirar

De manera continua, hay que asegurarse de que la persona prospera, madura y se mantiene inspirada:

- Evaluación del desempeño.
- Compensación.
- Formación.

2.12   PUNTOS CLAVE

1   Una buena planificación estratégica es la clave del éxito de cualquier proyecto. Hay que dedicar todo el tiempo que sea necesario para definir lo que se desea lograr.

2   Habrá que comenzar con una evaluación de empresa *(lean company assessment)* para determinar las áreas en las que debe enfocarse.

3   Preparar un firme proceso de gestión del cambio.

4   Un modelo de negocio es un mapa que indica cómo la empresa creará y transmitirá valor a sus clientes, y cómo pretende generar ingresos y ganancias.

5   La rueda de la estrategia ayuda a determinar la visión, la misión y el propósito de la empresa. Tan solo hay que alinear los planes y las funciones con el centro.

6   El método *hoshin kanri* actúa como un marco basado en la cooperación de toda la compañía para implementar los objetivos estratégicos a largo plazo y el plan de gestión a corto plazo.

7   Hay que definir los KPI más importantes y ayudarse del cuadro de resultados *(box score)* para revisar los resultados diarios, semanales, mensuales, trimestrales y anuales.

8   El mapa y la estructura de flujo de valor proporciona un conocimiento detallado y comprensible de cualquier proceso que se lleva a cabo en una empresa, ya se trate de cuestiones relacionadas con la producción, la prestación de servicios o la cadena de suministro. Asimismo, el mapa ayuda a entender el desarrollo de un proceso y a detectar aquellas actividades que no aportan valor al conjunto.

9   El *agile project management* es muy importante, así como el *scrum,* pues permiten la resolución de problemas complejos y generar productos o proyectos de una manera más eficaz y creativa.

10   Asimismo, debe tenerse en cuenta la gestión del talento: sin un equipo fuerte y motivado, no se lograrán los objetivos.

11   Los paseos *gemba* permiten que todo el equipo vea el proceso productivo del mismo modo como lo hace un cliente y ayuda a mejorarlo día tras día.

Aquí puede anotar otros puntos clave:

____

____

____

____

____

3   HERRAMIENTAS TÁCTICAS

3.1   Las herramientas del método Lean Six Sigma

3.2   *Kaizen* para la mejora continua y *kaikaku* para la innovación

3.3   Herramientas básicas: mantenimiento 5 S, *andon*, trabajo estandarizado y *poka yoke*

3.4   Resolución de problemas mediante el método A3 y el diagrama de *ishikawa*

3.5   El método de prevención y el análisis de modos de fallas y efectos (AMFE)

3.6   Flujo continuo y flujo de una sola pieza

3.7   El mantenimiento productivo total

3.8   SMED y cambio rápido

3.9   *Kanban*

3.10   Six Sigma

3.11   Puntos clave

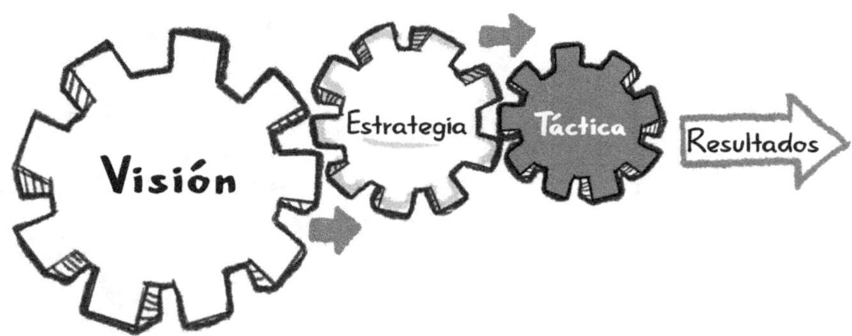

3.1   LAS HERRAMIENTAS DEL MÉTODO LEAN SIX SIGMA

Tras revisar las herramientas estratégicas, nos centraremos en las herramientas tácticas. A lo largo de los muchos años que hemos pasado apoyando a toda clase de empresas en su búsqueda de la excelencia, hemos aprendido a utilizar las herramientas Lean Six Sigma más efectivas, obvias y simples. Una vez comience el proceso de transformación de la empresa, usted y su equipo deberán utilizar las herramientas de gestión Lean Six Sigma cuando lo consideren oportuno, en función de sus planes, la situación real y los resultados de las evaluaciones realizadas.

Antes de continuar, echemos de nuevo un vistazo a los datos y las tendencias.

Análisis de rendimiento

En nuestro modelo de madurez, habrá que realizar un análisis colaborativo para identificar oportunidades y definir acciones específicas de acuerdo con el comportamiento o las tendencias de los indicadores clave de desempeño.

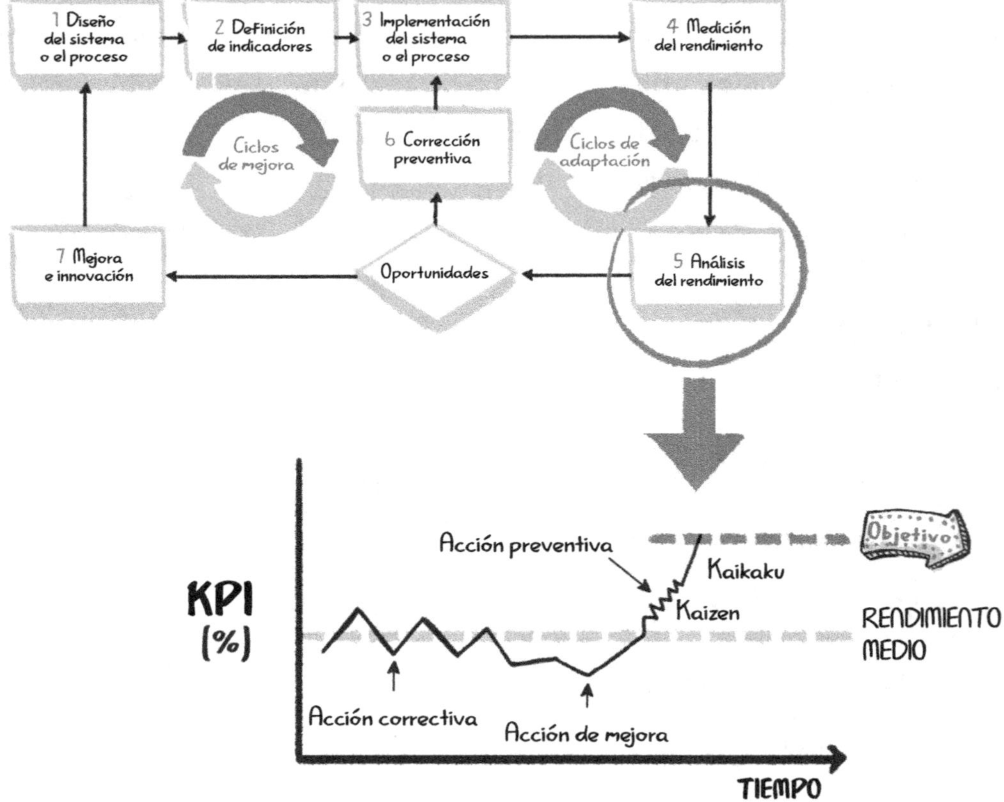

Cuando el equipo haya revisado y analizado los indicadores en el cuadro de mando integral *(balance scorecard)* o los diversos cuadros de resultados *(box score* y *floor board),* y entienda las razones de los resultados, habrá llegado el momento de decidir en qué tipo de ciclo se seguirá y qué herramientas se escogerán.

¿Qué ciclo es mejor: el de adaptación o el de mejora?

Ciclo de adaptación

Veamos primero el ciclo de adaptación. Durante este proceso, desarrollamos acciones correctivas y preventivas para estabilizar y controlar los procesos mediante las herramientas que nos proporciona el sistema Lean Six Sigma.

Los ciclos de mejora de esta clase se caracterizan por recurrir a unas actividades rápidas conocidas como *kaizen blitz* —se explicarán con detalle más adelante— y que suelen durar ente medio día y dos días. Un equipo inter y multidisciplinar analizará primero los indicadores clave, identificará el problema y seleccionará las herramientas adecuadas para solucionar el problema actual y evitar que ocurra en el futuro. Este es un ciclo de mejora rápido y normalmente lo realiza el equipo de flujo de valor.

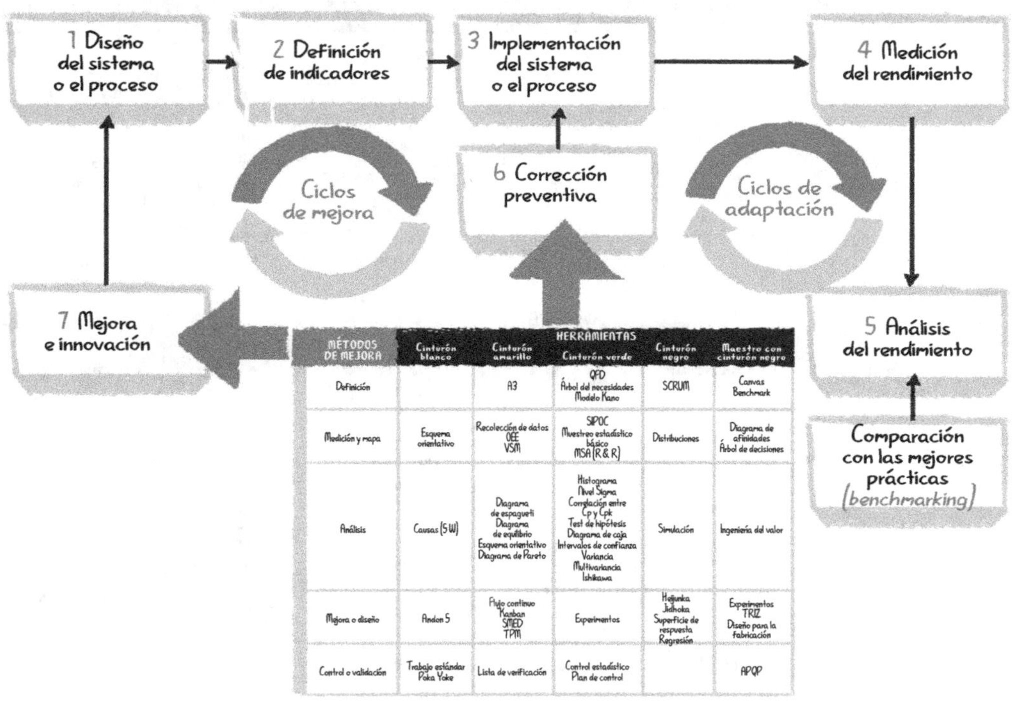

MÉTODOS DE MEJORA	HERRAMIENTAS				
	Cinturón blanco	Cinturón amarillo	Cinturón verde	Cinturón negro	Maestro con cinturón negro
Definición		A3	QFD Árbol del necesidades Modelo Kano	SCRUM	Canvas Benchmark
Medición y mapa	Esquema orientativo	Recolección de datos OEE VSM	SIPOC Muestreo estadístico básico MSA (R & R)	Distribuciones	Diagrama de afinidades Árbol de decisiones
Análisis	Causas (5 W)	Diagrama de espagueti Diagrama de equilibrio Esquema orientativo Diagrama de Pareto	Histograma Nivel Sigma Correlación entre Cp y Cpk Test de hipótesis Diagrama de caja Intervalos de confianza Variancia Multivariancia Ishikawa	Simulación	Ingeniería del valor
Mejora o diseño	Andon 5	Flujo continuo Kanban SMED TPM	Experimentos	Heijunka Jidhoka Superficie de respuesta Regresión	Experimentos TRIZ Diseño para la fabricación
Control o validación	Trabajo estándar Poka Yoke	Lista de verificación	Control estadístico Plan de control		APQP

Para más detalles, véase la página siguiente.

Ciclo de mejora

Mejora *(kaizen):* el equipo elegirá esta opción cuando no se haya logrado la meta y se requieran cambios para alcanzarla o para resolver problemas complejos. En este caso, deberán utilizarse herramientas Lean Six Sigma así como otras que usen el método DMAMC. En las páginas siguientes puede verse una descripción más detallada del concepto.

Innovación *(kaikaku):* el equipo elegirá esta opción cuando se requiera una mejora discontinua, un cambio radical o una innovación para que se produzcan la visión y la estrategia. En este caso, conviene utilizar la metodología **DMADV (definir, medir, analizar, diseñar, verificar)** para Six Sigma con las herramientas que se describen en la tabla siguiente. Más adelante, se analizará con más detenimiento.

En esta tabla se recogen todas las herramientas que usted, junto con su equipo, aprenderá a utilizar en los diferentes niveles de formación en Lean Six Sigma. En este capítulo se revisarán algunas de las más importantes.

MÉTODOS DE MEJORA	HERRAMIENTAS				
	Cinturón blanco	Cinturón amarillo	Cinturón verde	Cinturón negro	Maestro con cinturón negro
Definición		A3	QFD Árbol del necesidades Modelo Kano	SCRUM	Canvas Benchmark
Medición y mapa	Esquema orientativo	Recolección de datos OEE VSM	SIPOC Muestreo estadístico básico MSA (R & R)	Distribuciones	Diagrama de afinidades Árbol de decisiones
Análisis	Causas (5 W)	Diagrama de espagueti Diagrama de equilibrio Esquema orientativo Diagrama de Pareto	Histograma Nivel Sigma Correlación entre Cp y Cpk Test de hipótesis Diagrama de caja Intervalos de confianza Variancia Multivariancia Ishikawa	Simulación	Ingeniería del valor
Mejora o diseño	Andon 5	Flujo continuo Kanban SMED TPM	Experimentos	Heijunka Jidhoka Superficie de respuesta Regresión	Experimentos TRIZ Diseño para la fabricación
Control o validación	Trabajo estándar Poka Yoke	Lista de verificación	Control estadístico Plan de control		APQP

Para comprender estas herramientas y aplicarlas correctamente, habrá que dedicar el tiempo y los recursos necesarios para que los ciclos se desarrollen sin contratiempos y la empresa pueda acceder al siguiente nivel con mayor rapidez que sus competidores.

El método y las herramientas han demostrado con creces que pueden aplicarse a cualquier tipo de industria y a cualquier proceso o a cualquier departamento dentro de una empresa, más allá del control de calidad o los sistemas de producción.

Un líder debe estar al tanto de la existencia de esas herramientas y debe hacer todo lo posible para que los miembros de su equipo, con independencia de su nivel o departamento, aprendan a utilizarlas y las apliquen continuamente.

Dichas herramientas se han desarrollado de una manera muy flexible, de tal manera que usted o su equipo integren todas las que consideren importantes.

3.2 *KAIZEN* PARA LA MEJORA CONTINUA Y *KAIKAKU* PARA LA INNOVACIÓN

Kaizen y *kaikaku* son conceptos que provienen de la filosofía de producción japonesa. Ambos tienen su origen en el sistema que desarrolló Toyota. El término *kaikaku* se aplica a todos aquellos cambios que traen consigo una innovación y *kaizen*, por el contrario, a los cambios menores, o mejoras, que se dan continuamente.

Comencemos con *kaizen*, el proceso más conocido. Tiene su origen en la escuela budista india, que se practica en China, Corea y Japón, y que busca el mejoramiento de una persona.

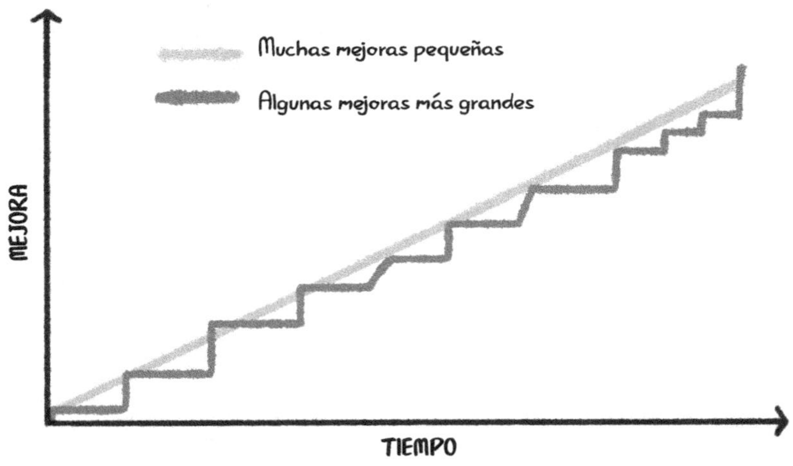

Kaizen para la mejora y resolución de problemas

El proceso, que se lleva a cabo de manera ininterrumpida, se utiliza para mejorar un proceso empresarial. La palabra podría traducirse como «mejora continua», aplicada de una forma gradual y ordenada que implique a toda la plantilla. Se trata de una herramienta muy eficaz a la hora de mejorar un proceso sin que sea necesario realizar grandes inversiones de capital (a decir verdad, en la mayoría de los casos no requiere mucho dinero).

Las actuaciones *kaizen* son muy rápidas y efectivas en aquellos procesos de mejora en los que se aplican herramientas *lean*. En función del impacto del proceso y su grado de dificultad, se tarda entre uno y cinco días para llevarlas a cabo.

Toda actuación *kaizen* posee un principio y un final claros, así como un equipo entregado y decidido a mejorar un rendimiento deficiente o solucionar un problema que aparece de forma reiterada.

Durante la actuación *kaizen,* es recomendable utilizar el método DMAMC:

- **Definir** el problema o la situación que cabe mejorar.
- **Medir** la situación mediante la obtención de datos para comprender mejor el proceso.
- **Analizar** la causa raíz, así como las principales limitaciones.
- **Mejorar** la situación mediante actividades que permitan atenuar o resolver el problema.
- **Controlar** la situación desarrollando medidas con las que mantener los resultados.

Algunos ejemplos de tipos de actuaciones kaizen

- Tiempo de resolución de problemas *(kaizen blitz):* de 0,5 a 2 días para la resolución de problemas.
- Mejora *kaizen* (de dos a cinco días).

Las actuaciones *kaizen* mejoran la experiencia laboral de toda la plantilla, sacan lo mejor de cada persona y la animan a la mejora continua.

Beneficios de las actuaciones kaizen

- Promueven el crecimiento personal de la plantilla y de la empresa en su conjunto.
- Mejoran la calidad, la seguridad, la estructura de costos, la entrega, el entorno, el rendimiento, el servicio y la satisfacción del cliente.
- Orientan a las personas y sirven como un barómetro para el liderazgo.
- Reducen el tiempo de respuesta a los clientes.
- Mejoran la distribución del espacio.
- Mejoran el rendimiento de los equipos.
- Mejoran la comunicación.
- Aumentan la capacidad de atención al cliente.
- Mejoran la seguridad y la ergonomía del trabajo.
- Rompen paradigmas.

Tipos de actuaciones kaizen

- Servicio de limpieza con 5 S.
- Control visual.
- Mantenimiento productivo total (TPM).
- Manufactura celular.

- Cambios rápidos de producto (SMED).
- Errores *poka yoke.*
- Six Sigma.
- Resolución de problemas.
- Prevención con AMFE.
- *Kanban.*
- *Heijunka.*
- Flujo continuo.
- Reducción del tiempo de inactividad así como de residuos.
- Mejorar de la seguridad.
- Suministro de material y *kanban.*

El papel del líder en las actuaciones kaizen

Cada actuación *kaizen* requiere un facilitador que la lleve a cabo. Por lo general, se trata de una persona del equipo que conozca muy bien tanto las herramientas como la metodología que se usarán.

El facilitador es un elemento indispensable para conectar los resultados de la actuación *kaizen* con los objetivos comerciales que plantea la gerencia (recuérdese el *hoshin kanri).* La experiencia ha demostrado que los facilitadores con mayor éxito reúnen las características siguientes:

- Poseen habilidades como *coachers* y jefes de personal.
- Se han ganado la confianza, el respeto y el aprecio del resto del equipo.
- No son responsables de la actuación *kaizen* ni tampoco de su resultado.
- Ofrecen apoyo a los miembros de su equipo.
- No tienen por qué pertenecer al área o al departamento que llevará a cabo la actuación *kaizen.* Sin embargo, conocen muy bien el método y las herramientas. El resto del equipo se especializará en el proceso de mejora.
- Se aseguran de que el equipo se mantiene centrado y no se aparta del tema. Proporciona información y apoya a sus compañeros.

Kaikaku para la innovación

La palabra japonesa *kaikaku* podría traducirse como «cambio innovador en el sistema». A menudo, el *kaikaku* se lleva a cabo a iniciativa de la administración de la empresa, ya que el cambio y el resultado posterior tendrán un impacto comercial significativo. Se trata de introducir una nueva estrategia, un nuevo enfoque, unas técnicas de producción o unos equipos nuevos. Su origen puede hallarse en factores externos o bien después de que se llegue a la conclusión de que el método *kaizen* ha dejado de funcionar.

En función del grado de innovación, pueden distinguirse diversos tipos de proyecto *kaikaku:*

- **Innovación baja:** se implementan métodos o tecnologías ya conocidos en el mercado o en el mundo de los negocios aunque no en la empresa. El costo es bajo y las ganancias, altas.
- **Innovación alta:** se desarrolla una nueva tecnología o un nuevo método en el seno de la empresa que, hasta ese momento, son desconocidos en el mercado.

Con el método *kaikaku,* suelen realizarse varios proyectos en paralelo, ya que el impacto de los cambios afecta a toda la organización. Con todo, conviene saber que los resultados no se apreciarán de inmediato.

Tal situación es muy distinta de las actuaciones *kaizen,* en las que, tras ejecutarse un proyecto, se observa una mejora inmediata.

Asimismo, hay que disponer en todo momento de una serie de indicadores que se habrán acordado previamente con los que discernir el progreso del proyecto y las mejoras implementadas.

Un guion gráfico de las actuaciones *kaizen* y *kaikaku* permite recordar las fortalezas y las debilidades de los proyectos que ya se han realizado y cómo mejorar los previstos para el futuro.

Kaikaku: *el método DMADV*
- **Definir:** se establece el problema o la situación que debe mejorarse.
- **Medir (o mapear):** se obtienen datos y se entiende el proceso.
- **Analizar:** se identifica la causa raíz así como las limitaciones principales.
- **Diseñar:** se diseña o se rediseña el producto, el servicio o los componentes.
- **Validar:** se comprueba si el diseño cumple con las especificaciones.

Algunos ejemplos de actuaciones kaikaku
Tiempo: de 1 a 5 semanas.

La práctica de las actuaciones *kaikaku* permitirá que los equipos enriquezcan su experiencia laboral, saquen lo mejor de cada persona e impulsen la mejora continua.

Tipos de eventos de **kaikaku**

- Diseño de nuevos productos.
- Diseño de nuevos servicios.
- Diseño de nuevas plantas.
- Rediseño de productos actuales.
- Puesta en común de los puntos más importantes a la hora de analizar a los competidores.
- Diseño para la fabricación de productos y piezas.
- Test de productos en el mercado.
- Desarrollo de nuevos conceptos para nuevos modelos de negocio.
- Rediseño de un proceso completo de principio a fin.

Reflexiones finales sobre la innovación en Lean Six Sigma Management

A veces parece que la innovación no encaja con una cultura Lean Six Sigma. Un sistema concebido para impulsar la eficiencia y la calidad quizá resulte muy alejado de los cambios radicales, sobre todo si son perturbadores. Tal vez no sea muy acertado decirle a alguien que se preocupe por ser más eficiente y, al mismo tiempo, que explore todo ese potencial que aún no ha explotado.

La innovación implica, entre otros factores, el cambio, la alteración, la revolución, la agitación, la transformación, el avance, la adopción de nuevas medidas y nuevos métodos, la modernización, la creatividad, el ingenio y la inspiración. La innovación actual implica también la industria 4.0 y el internet industrial de las cosas (IIoT), así como las fábricas inteligentes *(smart factories)* y la innovación disruptiva. La pregunta clave es: ¿podemos innovar mientras adoptamos un sistema Lean y fortalecemos los procesos existentes?

Nuestra respuesta es: ¡SÍ! El método Lean está totalmente relacionado con la gestión de recursos, el enfoque del proyecto y las prioridades, además de la forma de innovación que se desea activar.

Tipos de ciclos de innovación

- **Innovación en eficiencia:** ofrece diversas maneras de mejorar la eficiencia y la velocidad de la eficacia. Puede incluir sistemas y procesos internos, o formas de acelerar la experiencia del cliente.
- **Innovación en procesos:** abarca la implementación de un método de producción o de entrega completamente nuevo, o bien muy mejorado.
- **Innovación en el producto:** consiste en la introducción de un bien o de un servicio nuevo o muy mejorado que puede incluir mejoras en las característi-

cas funcionales, las habilidades técnicas, la facilidad o bien en cualquier otra dimensión.

- **Innovación en el servicio:** brinda diversas maneras de mejorar la prestación de un servicio y permite una generación y un intercambio de información intensivos.
- **Innovación en el sistema:** incluye la introducción de una nueva infraestructura o de un nuevo sistema que podría dar pie a nuevos sectores e incluir cambios importantes en varias áreas del negocio.
- **Innovación tecnológica:** implica el desarrollo de nuevas tecnologías para resolver algunos problemas o bien de nuevos usos de las tecnologías existentes. Las soluciones pueden ser de alta tecnología o de baja tecnología.
- **Innovación financiera:** se centra en las formas de aumentar las ventas, reducir los costos, mejorar el seguimiento de los gastos, reducir las cuentas por cobrar, agilizar el cumplimiento fiscal así como las auditorías, además de buscar un sistema de administración que aporte una mayor rentabilidad.
- **Innovación incremental:** se agrega algo a un producto o un servicio que la competencia no tiene o no lleva a cabo, o también se logra que algo dure más, sea más conveniente o más rápido.
- **Innovación en la mercadotecnia:** implica el desarrollo de nuevos métodos de marketing con mejoras en el diseño o el empaquetado del producto, su promoción, la comunicación, la publicidad, los precios o la distribución.

Para que una transformación se lleve a cabo de acuerdo con el sistema de gestión Lean Six Sigma, es preciso que se tengan en cuenta los procesos de innovación. La innovación constituye una parte sustancial en el desarrollo de cualquier empresa. Si no hay innovación, no hay progreso. Lean Six Sigma garantiza que el diseño y la configuración de los procesos sean perfectos y se lleven a cabo con las personas adecuadas, que la calidad y el servicio del producto sean excelentes, que todo esté orientado al cliente y que se obtenga el mejor retorno de inversión posible.

3.3   HERRAMIENTAS BÁSICAS: MANTENIMIENTO 5 S, *ANDON,* TRABAJO ESTANDARIZADO Y *POKA YOKE*

El mantenimiento basado en las 5 S

Los hábitos constituyen el elemento más importante en una cultura basada en el pensamiento ágil. Para iniciar cualquier tipo de mejora, es muy importante trabajar en un entorno seguro y limpio.

Ford Motor Company desarrolló el programa CANDO (siglas de *Cleaning, Arranging, Neatness, Discipline and Ongoing,* «limpieza, organización, pulcritud, disciplina y proceso continuo»). Tras la Segunda Guerra Mundial, algunos gerentes japoneses que visitaron las plantas de Michigan, como Hiroyuki Hirano, adoptaron el programa. Hirano desarrolló la doctrina de las 5 S, para la puesta en marcha de cualquier mejora. Un proceso de mejora debe comenzar siempre por estas 5 S.

Las herramientas Lean constituyen un gran avance para la implementación de mejoras de procesos que crean valor en una empresa. Sin embargo, debe tenerse en cuenta que, una vez más, la cultura y los hábitos que se han desarrollado a lo largo del tiempo son muy importantes. Cuando se habla de orden y limpieza, no debe considerarse solo la aplicación de una herramienta básica, sino también la adopción de buenos hábitos basados en el orden y la limpieza que aportan la base necesaria para el desarrollo y la aplicación de muchas otras herramientas que vendrán más adelante.

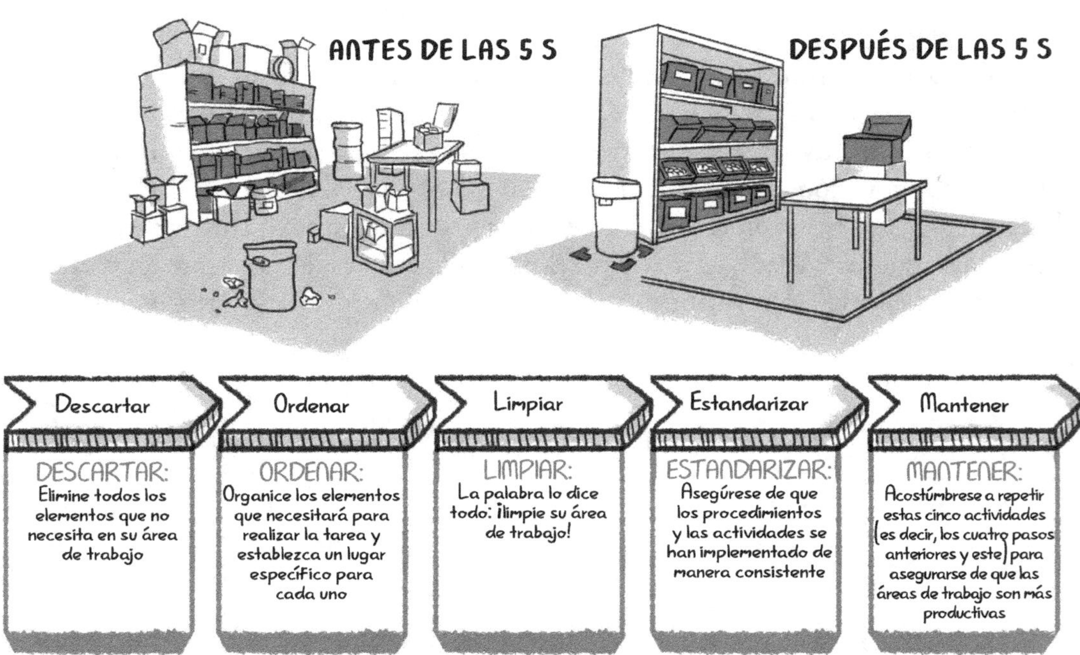

Esta disciplina se conoce como las *5 S* ya que cada una de las palabras originales en japonés comienza con esa letra.

¿Qué beneficios aporta el método de las 5 S?

- Un mejor uso de los recursos y, en especial, del tiempo.
- Saca a la luz las anomalías y los problemas que pudiera haber.
- Disfruta de un ambiente de trabajo más seguro y agradable.
- Aumenta nuestra capacidad para producir más productos de calidad.
- Proporciona un lugar presentable para nuestros clientes.

¿Cuándo debemos usarlo?

Cuando se necesita reducir los tiempos de ciclo, aprovechar al máximo el tiempo disponible para producir y reducir el tiempo destinado a cambiar las herramientas. También es útil cuando se implementan nuevos sistemas en la gestión del flujo de valor, como la norma ISO 9000, el control de procesos estadísticos, el sistema Six Sigma o bien la fabricación Lean, ya que todos dependen en gran medida de la disciplina de las personas que participan.

Esta disciplina es muy poderosa ya que puede aplicarse en todas las áreas de la vida:

- Almacenes.
- Áreas de producción.
- Áreas de uso común.
- Oficinas.
- Talleres.
- Vehículos.
- La propia casa.

EL 5 S en casa

Un cliente implementó el método 5 S en la bodega de vinos y el vestidor de su casa. Se había mudado allí hace veinte años y, nada más hacerlo, arregló aquellas dos estancias, aunque no de la manera más eficaz. Durante mucho tiempo, la bodega fue una habitación oscura, desorganizada, sin espacio, sin existencias. No era el lugar más agradable para seleccionar vino. El vestidor era básicamente una habitación llena de ropa en la que uno apenas podía moverse, no estaba bien iluminada y costaba encontrar algo. Tuvieron que pasar dos décadas antes de que recurriese a las 5 S, pero ahora disfruta de ambos lugares y suele reunirse con sus amigos en la bodega para realizar catas.

Gestión visual: *andon*

Las señales visuales nos rodean —piénsese en las calles, las empresas, los hospitales, etc.— para ayudarnos a comprender rápidamente una situación específica y tomar decisiones sin preguntar a nadie.

Los seres humanos captamos información a través de nuestros sentidos. La visión es el más importante (proporciona el 83 %), seguida del oído (11 %), el olfato (4 %), el tacto (2 %) y el gusto (2 %).

La gestión visual mediante dispositivos *andon* se basa en el uso de señales visuales y auditivas muy sencillas que se identifican con facilidad y proporcionan una comprensión inmediata y fácil de cuanto ocurre. Estas señales son eficientes, autorreguladas y su manejo corre a cargo de los operarios.

La señal puede usarse para identificar o indicar que existe una condición anormal y que quizá requiera una intervención.

¿Por qué implementar la gestión visual?

Las señales *andon* se utilizan básicamente para:

- Mejorar la calidad.
- Reducir el costo.
- Mejorar el tiempo de respuesta.
- Aumentar la seguridad.
- Mejorar la comunicación.
- Proporcionar una comprensión inmediata de los problemas.

¿Qué tipo de gestión visual conviene en cada caso?

Al usar el control visual, debemos preguntarnos:

- ¿Qué necesita monitorizarse?
- ¿Cómo presentarlo? ¿Con qué colores, con qué tamaño, con qué contenido? (en tal caso, úsese el método KISS).
- ¿Dónde están los puntos críticos de monitorización?
- ¿Cómo se indican las anomalías?
- ¿Pueden revisarse con facilidad?
- ¿Qué acción debería tomarse?

¿Dónde puede utilizarse la gestión visual?

- Almacenes.
- Áreas operativas.

- Equipo.
- Calidad.
- Seguridad

Tipos de *andon*

1 **Alarmas:** proporcionan información para emitir una señal de advertencia en situaciones urgentes. Pueden utilizarse con diferentes sonidos según su aplicación.

2 **Lámparas y torrecillas:** para mostrar el estado del equipo, las células o las áreas de trabajo, pueden usarse señales de colores colocadas en torretas o como banderas que indiquen lo siguiente:

- Azul: problemas relacionados con el suministro o la falta de material.
- Verde: línea o célula que funciona satisfactoriamente.
- Amarillo: línea o célula detenida por falta de mantenimiento (si parpadea, indica que se realizará un cambio).
- Rojo: parada por problemas de calidad o accidentes.

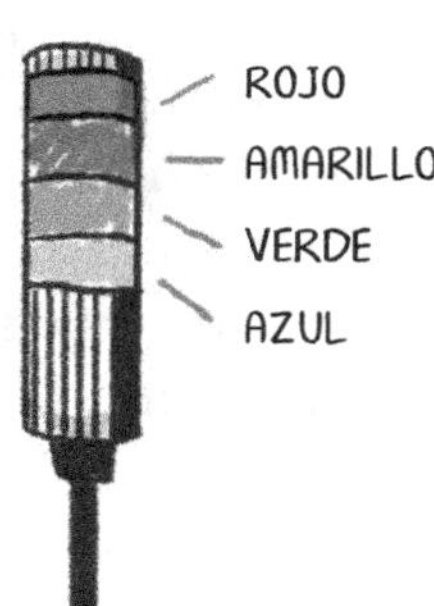

3 **Tableros de información:** resultan muy útiles para la monitorización continua y automática de la producción en tiempo real a fin de comparar el plan programado con el nivel de producción real e identificar si se está ejecutando el plan y si se hace de una manera más rápida o más lenta en comparación con lo previsto. También se usan cuando se desea destacar visualmente algunas condiciones operativas en que una señal atraería la atención de quien debe tomar decisiones.

Gestión visual

En una empresa de fabricación de dispositivos médicos, el personal tenía una comprensión diferente de la visión, la misión, los valores, la estrategia, el *hoshin kanri*, así como las metas anuales y mensuales. En particular, ignoraban el funcionamiento de la empresa y el modo en que se lograban los objetivos mensuales. Nos sentimos como un avión sin instrumentos que trataba de mantenerse a la altitud y la velocidad adecuadas para llegar a tiempo a su destino. Apenas había información disponible para el personal, a pesar de que se le necesitaba para mejorar los procesos y los resultados. Un equipo interdisciplinar estableció un centro de comunicación (en medio de la planta) con toda la información relevante que debía conocer la plantilla. Al cabo de dos meses, todas las reuniones relevantes (que se hacían de pie) se realizaban allí mismo, frente a los tableros de información. El centro de información contaba con tableros destinados al cliente *(voice of consumer)*, mercadotecnia y ventas, calidad, cadena de suministro, flujos de valor, mantenimiento, proyectos clave y recursos humanos. Aquel sitio se convirtió en el punto central para toda la planta. Allí podía encontrarse toda la información importante, siempre actualizada, con la que tomar decisiones en cualquier momento.

¿Cómo puede implementarse la gestión visual?

El método *andon* puede implementarse como un ciclo de mejora que ayude a evitar futuras acciones correctivas.

1 Debe decidirse qué información debe darse y a quién se dirige.
2 Crea la señal o el tipo de *andon* necesarios.
3 Forma al personal en el uso de esta herramienta.
4 Contribuye a que el trabajo sea más disciplinado mediante el correcto cumplimiento de las señales.

Trabajo estandarizado

El trabajo estandarizado se basa en la excelencia operativa. Sin un trabajo estandarizado, no es posible garantizar que una operación dé productos de la misma manera. El trabajo estandarizado permite la aplicación de los elementos de gestión

Lean porque define los métodos de trabajo más eficientes a la hora de conseguir la mejor calidad y el menor costo. Para entender el trabajo estándar, hay que definir con claridad estos elementos:

1 Velocidad del proceso.
2 Secuencia correcta.
3 Puntos clave.
4 Explicación de las razones de los puntos clave.

¿Por qué el trabajo estándar es tan importante?

Al estandarizar las operaciones, se establece la línea básica con la que se evaluarán y se administrarán los procesos, así como su desempeño. Los resultados servirán para implementar las mejoras. La documentación estándar de trabajo sirve para lo siguiente:

- Asegurarse de que pueda repetirse la secuencia de acciones que lleva a cabo el operario.
- Brindar apoyo al control visual y detectar anomalías.
- Proporcionar ayuda comparando la documentación con los procesos actuales.
- Convertirse en una herramienta para iniciar acciones de mejora.
- Facilitar la documentación del método de mejoras.
- Establecer una valiosa base de datos con toda la información.
- Mantener un alto nivel de repetitividad.
- Garantizar operaciones más seguras y efectivas.
- Mejorar la productividad.
- Equilibrar los tiempos de ciclo de todas las operaciones de acuerdo con el ciclo de ritmo *(takt time cycle)*.
- Reducir la curva de aprendizaje de los operarios.

¿Cuándo se usa y cuál es el procedimiento?

Se utiliza para documentar procesos relevantes y para formar al personal al cargo.

El procedimiento para llevarlo a cabo es el siguiente:

- Se selecciona un proceso específico o una operación del proceso.
- Se realizan las mediciones de tiempo correspondientes y se consignan en el registro adjunto.
- Se calcula la capacidad operativa y se rellena el formato de capacidad.

- Se diseña o se documenta la secuencia optimizada de capacidad en la tabla combinada.
- Se dibuja el proceso en la hoja de trabajo estándar.
- Se documentan las instrucciones de trabajo en la hoja correspondiente.

Poka yoke

La expresión, de origen japonés, podría traducirse como «evitar *(poka)* errores inadvertidos *(yoke)*».

Tradicionalmente, para asegurarse el nivel de calidad deseado, se han implementado muchos controles estadísticos sofisticados así como diversos métodos de muestreo. Sin embargo, esta decisión suele costar una gran cantidad de dinero así como un tiempo valioso.

El método *poka yoke* evita errores humanos en todos los procesos antes de que se conviertan en defectos y permite que los operarios se centren en sus actividades. El índice de detección de errores es del 100 %, hecho que facilita la aplicación de una acción correctiva inmediata cuando aparecen defectos sin que, para conseguirlo, deba recurrirse a métodos estadísticos.

Ejemplos de fuentes de defectos y remodelaciones

Materiales	Personal	Métodos	Maquinaria
Dañado	Falta de preparación	Incompleto	Mantenimiento inadecuado
Incorrecto	Errores	Obsoleto	Operación incorrecta
Fuera de especificación	Negligencia	Complejo	Instalación incorrecta
Obsoleto	Sabotaje		

En la fabricación Lean (o *Lean Manufacturing)* existe una regla muy importante: ninguna operación o ningún paso envía productos defectuosos al siguiente porque, si así fuera, se interrumpiría el flujo continuo.

Algunas de las aplicaciones y beneficios de la aplicación de **poka yoke** *son:*

- Asegura la calidad en cada trabajo.
- Aporta nuevos conocimientos a las personas que deben realizar una tarea.
- Elimina o reduce la posibilidad de cometer errores.
- Evita los accidentes causados por distracción.
- Elimina acciones que dependen de la memoria o de la inspección.
- Libera la mente del trabajador y le permite desarrollar su creatividad.
- Suele ser más barata y sencilla.

Tipos de **poka yoke**

- *Advertencia* poka yoke: el elemento de advertencia avisa al operador o al usuario antes de que se produzca el error. Sin embargo, la advertencia no significa necesariamente que ese error se haya evitado.
- *Prevención* poka yoke: evita que se produzcan errores mediante unos mecanismos que impiden su aparición.

Niveles efectivos de **poka yoke**

1 Detecta el defecto cuando ya ha ocurrido y, en general, se asegura de que no llegue a la siguiente fase.
2 Detecta el error cuando ocurre y antes de que se convierta en un defecto.
3 Elimina o evita la generación de errores antes de que ocurran y causen defectos.

Ejemplos de dispositivos de **poka yoke**

- Pin guía.
- Modelo.
- Límite de microinterruptor/interruptor.
- Mostrador.

- Dispensador.
- Dispositivo de secuencia.
- Indicador de condición crítica.
- Sensores y detectores.
- Código de color.

Poka yoke

Una empresa especializada en recambios de automóviles, en vista de las numerosas quejas y reclamaciones de sus clientes, se planteó la necesidad de mejorar sus sistemas de medición. En un primer momento, barajó la posibilidad de adquirir un costoso dispositivo de alta tecnología para medir los diámetros de ciertas piezas. Tras un estudio, un equipo de expertos en gestión Lean Six Sigma sugirió el uso de una herramienta *poka yoke*. Se inspeccionó el 100 % del producto durante el proceso de producción mediante dos medidores más sencillos que simulaban aquello que los clientes solían hacer en las instalaciones. La solución, tan sencilla como eficaz, permitió que la empresa se ahorrase los 45 000 dólares que habrían costado el equipo y el personal al cargo sin tener que renunciar a un excelente y continuo control de calidad. Quienes se ocupan del proceso realizan una tarea muy simple: prueban todas las unidades antes de pasar a la fase siguiente. Los medidores *va/no va* no llegaron a los 2 500 dólares. Los clientes están satisfechos con la calidad de los productos y la empresa ahorró dinero, tiempo y costos adicionales.

3.4 RESOLUCIÓN DE PROBLEMAS MEDIANTE EL MÉTODO A3 Y EL DIAGRAMA DE *ISHIKAWA*

El método A3, llamado así porque se desarrolló en una hoja de papel de tamaño DIN A-3, proporciona un enfoque estructurado para la resolución de problemas y mejora continua. Proporciona un enfoque simple y estricto que ofrece una guía sistemática para la resolución de un problema mediante un enfoque estructurado. Se implementó por primera vez en Toyota.

El proceso se basa en los principios del ciclo PDCA que postuló Edward Deming. Por lo general, consta de siete pasos:

1 Información de fondo o descripción del problema.
2 Condición actual o aclaración del problema (5 W).
3 Objetivo o condición para lograr el objetivo.
4 Análisis de la causa raíz *(ishikawa)*.
5 Contramedidas.
6 Plan.
7 Seguimiento y revisión.

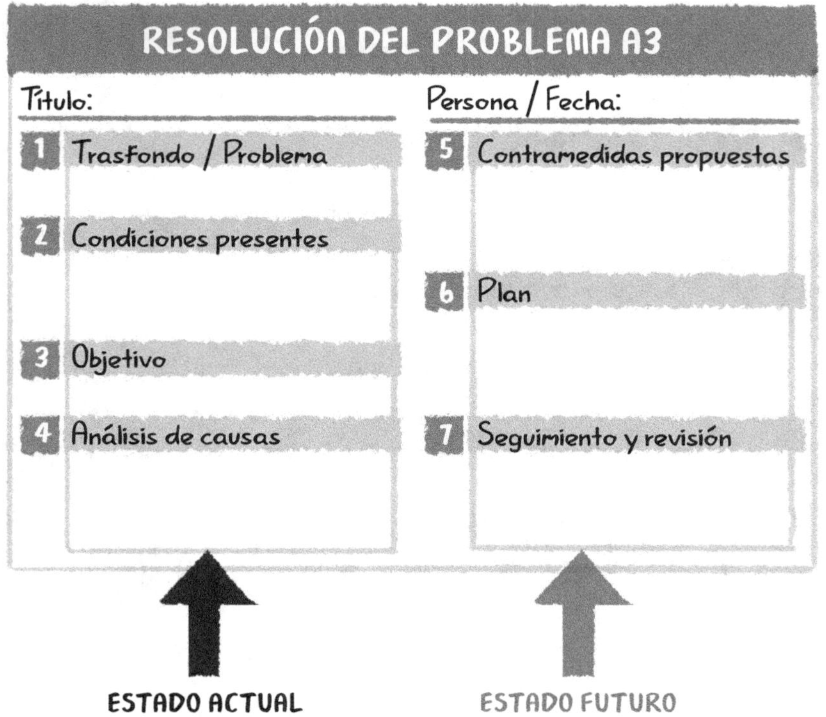

El proceso A3 permite resolver un problema de manera sistemática, documentar el proceso, mantener al día a todas las personas que integran el equipo y saber en todo momento quién está haciendo qué y cuándo. En los puntos 1-4 que figuran en la columna izquierda de la hoja A3, se registra la situación actual del problema y en los puntos 5-7, en la derecha, se apunta el estado futuro y las acciones que deben realizarse.

El diagrama de *ishikawa* también se conoce como *diagrama de causa y efecto*, o *diagrama de espina de pez* por su forma.

Usos habituales del diagrama de ishikawa

Por lo general, el diagrama de *ishikawa* se utiliza para el diseño de producto, la prevención de fallos de calidad y la identificación de aquellos factores que puedan tener repercusiones en todo el proceso de producción. Cada causa constituye una fuente de variación. Las causas suelen agruparse en categorías principales para identificar y clasificar esas fuentes de variación.

Las 5 M que se utilizan en fabricación

A partir del método de fabricación Lean *(lean manufacturing)* y el sistema de producción de Toyota, se ha desarrollado el 5 M, uno de los marcos más comunes para el análisis de la causa-raíz:

- Máquinas (equipamiento).
- Métodos (proceso).
- Materiales (materia prima, consumibles e información).
- Mano de obra (trabajo físico o de conocimiento).
- Medición (inspección, medio ambiente).

A veces se amplía con los elementos siguientes:

- Gestión (dinero, poder, liderazgo).
- Mantenimiento.
- Misión (propósito, medio ambiente).

DIAGRAMA DE ISHIKAWA

Proceso de un diagrama de ishikawa

1 Se define el efecto del problema (en el caso anterior, llegar tarde al trabajo)
2 Se lleva a cabo una tormenta de ideas *(brainstorm)* con un equipo multidisciplinario para cada una de las «espinas» (equipo, proceso, personas, materiales, medio ambiente y gestión para una posible causa raíz).
3 Hay que ser específicos y tener la mente abierta. Nunca hay que buscar a la persona que causó el problema.
4 Tras la lluvia de ideas, se agrupan las causas potenciales
5 Se comprueba la validez de cada causa raíz. ¿Cuál es la probabilidad de que sea la causa principal del problema o de la variación?
6 Después de excluir todas las causas no probables, se mantienen aquellas que convenga revisar.
7 Las causas V deben investigarse más a fondo, por lo que se crea un plan de acción para acciones correctivas y preventivas.
8 Después de implementar un plan CAPA *(corrective-preventive action plan,* «plan de acción preventiva y correctiva») se comprueba que el problema se ha solucionado y el procedimiento puede darse por terminado.

3.5 EL MÉTODO DE PREVENCIÓN Y EL ANÁLISIS DE MODOS DE FALLAS Y EFECTOS (AMFE)

En 1949, el ejército estadounidense, dentro de su proyecto PMIL-STD-1629A, que llevaba por título «Procedimiento para la ejecución de un modo de fallas, efectos y análisis de criticidad», desarrolló una disciplina que hoy se conoce como análisis de modos de fallas y efectos *(failure mode and effect analysis)*.

A mediados de la década de 1960, la industria aeroespacial aplicó este sistema de análisis, conocido también como AMFE (o FMEA, en inglés), para el desarrollo del programa Apolo.

Dicho procedimiento permite evaluar la fiabilidad de un equipo o un sistema, así como los fallos que pudiera tener, el éxito de una misión y la seguridad del personal y la maquinaria implicados.

El AMFE es una herramienta de gestión de riesgos que identifica y previene fallas en productos y procesos, evalúa objetivamente sus efectos, sus causas, así como los elementos de detección para evitar que ocurran y proporciona un método de prevención documentado.

El proceso y los documentos del AMFE poseen gran valor, pues ayudan a almacenar una gran cantidad de información sobre nuestros productos y procesos, y los convierte en una herramienta muy poderosa.

Tipos de AMFE
- **Producto:** sirve para detectar posibles fallos en el diseño de productos.
- **Proceso:** sirve para detectar posibles fallos en cualquier tipo de proceso.

Cada proceso debe tener su propio AMFE para anticiparse a cualquier riesgo o falla potenciales. Hay que evaluar procesos tan variados como los recursos humanos, el diseño de productos, las ventas, la mercadotecnia, la logística, las adquisiciones, los servicios, la fabricación, el mantenimiento, la calidad y la contabilidad.

Beneficios del AMFE

- Comprender los detalles de cualquier proceso.
- Incluir la información a partir de la que se desarrollará un programa de formación para las nuevas operaciones.
- Identificar posibles fallos en un proceso o un producto.
- Establecer los efectos de cada falla si ocurriesen.
- Evaluar el nivel de gravedad de los efectos.
- Identificar la posible causa.
- Establecer el nivel de fiabilidad de los propios mecanismos de detección de fallas.
- Evaluar objetivamente la relación de gravedad, ocurrencia y capacidad de detección.
- Documentar acciones para reducir riesgos.
- Comprender la mecánica que crea defectos y fallos.
- Guardar el conocimiento generado en una empresa.
- Convertirse en una fuente para detectar oportunidades para iniciar proyectos de mejora.

¿Cuándo se necesita?

- En el diseño de productos o servicios.
- En el diseño de procesos.
- Para evitar la aparición de problemas o fallos.
- Para documentar los procesos y productos.
- Para formar a los operarios que intervienen en un proceso.

Implementación

- El AMFE requiere normalmente un plazo de uno a cuatro días para ponerse en marcha.
- Establecimiento del procedimiento para desarrollar un AMFE.
- Desarrollo del mapa del proceso.
- Formación de un equipo de trabajo y documentación del proceso, el producto, etc.
- Elección de los pasos más importantes del proceso.
- Detección de la falla potencial de cada paso.

- Definición de los efectos de los fallos.
- Evaluación del nivel de gravedad.
- Establecimiento de las causas de cada fallo.
- Evaluación de la ocurrencia de cada falla.
- Establecimiento de los controles que se supone detectan fallas y su posterior evaluación.
- Establecimiento de la prioridad para cada falla
- Desarrollo de acciones preventivas, correctivas o de mejora.

3.6 FLUJO CONTINUO Y FLUJO DE UNA SOLA PIEZA

En 1776, Adam Smith, economista y filósofo escocés, demostró que la división del trabajo en tareas específicas redundaba en un aumento de la productividad. Frederic Taylor, el padre de la organización científica, partió de esa idea para desarrollar un método que propugnaba la división del trabajo en tareas repetitivas para aumentar la productividad.

Henry Ford lo aplicó a sus líneas de producción y organizó las tareas en largas cadenas de montaje. En la actualidad, la demanda y el volumen de producción han cambiado mucho. Se ha pasado de los grandes lotes de un mismo producto a otros más pequeños y más variados, algo que impide trabajar de la misma manera. El método Lean Manufacturing propone, desde que Shigeo Shingo lo aplicara por primera vez en Toyota, que el trabajo se realice en un flujo continuo.

La celda o célula de trabajo *(work cell)* propone un modo de producción distinto: ya no se pretende que cada sección ponga a punto grandes lotes, pues se correría el peligro de que toda la cadena se paralizase en algún momento, sino que se cree un flujo continuo que vaya desde la primera hasta la última operación.

El flujo continuo, también llamado *trabajo celular,* se basa en que las operaciones de mejora se distribuyen a lo largo de todo el proceso para que este fluya de manera ininterrumpida, pase de una operación a la siguiente, se reduzca de manera drástica el tiempo de respuesta y se aumenten al máximo las habilidades y el rendimiento del personal. De este modo, el inventario se reducirá también al mínimo.

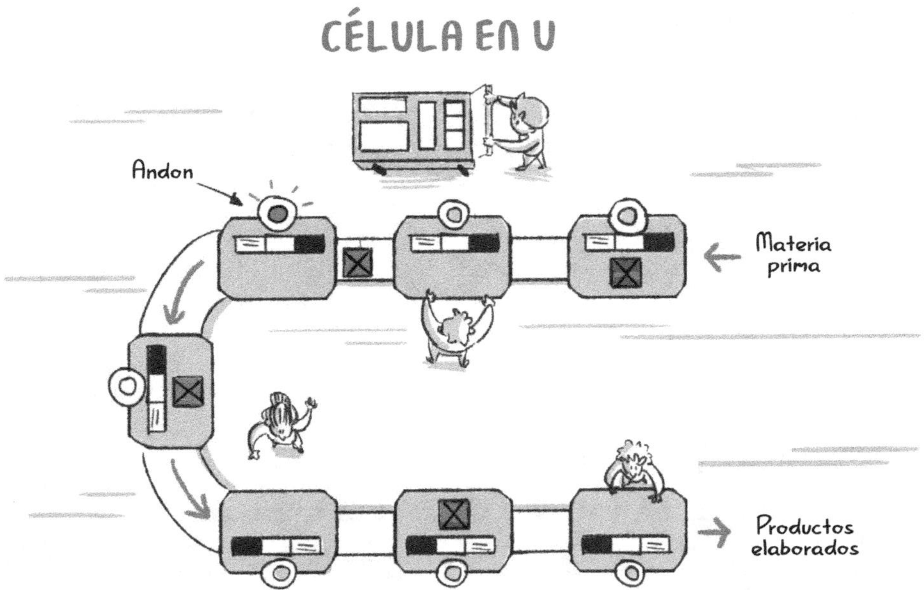

El diseño de la fabricación por departamentos presenta los problemas siguientes:

- No se detectan los defectos hasta que se realice el servicio o se termina el producto.
- Algunos de los defectos se generan al manipular o mover materiales o personas.
- Las personas pasan demasiado tiempo esperando entre cada una de las etapas del proceso.
- Los inventarios de materiales, o las colas, ocupan hasta el 25 % del espacio total.

El flujo continuo, en cambio, contribuye a:

- Mejorar el trabajo en equipo y la comunicación. A partir de ese momento, los miembros de la plantilla están lo suficientemente cerca unos de los otros para que puedan ayudarse si fuese preciso.
- Comprender todo el proceso de manera completa.
- Brindar la oportunidad de conocer a sus clientes y discutir con ellos cualquier concepto o desarrollo.
- Proporcionar un entorno en el que las personas adquieren un control y una responsabilidad de sus actividades mucho mayor.
- Lograr un aumento de la fabricación de productos o la prestación de servicios de alta calidad desde el principio.
- Conseguir una satisfacción mayor en el trabajo gracias al aumento de la responsabilidad y la variedad.

Flujo de una sola pieza

Una empresa especializada en la fabricación de piezas de metal y de plástico seguía un método de producción por lotes. Necesitaba aumentar la eficiencia y la calidad, y reducir los inventarios. Se desarrolló una actividad *kaizen* durante una semana para definir el plan y aplicar un método basado en el flujo de una sola pieza. Tras el tiempo esperado, todo estaba planeado y preparado para comenzar con una prueba piloto que se llevaría a cabo en una célula de trabajo. Sin embargo, se necesitó más preparación para formar al personal. Al cabo de un año, el 50 % de las líneas de fabricación trabajaba mediante el flujo de una sola pieza. La productividad aumentó un 28 %, el rendimiento mejoró un 80 %, el inventario se redujo en un 70 % y el residuo pasó del 18 al 12 %. Además, no hubo que realizar despidos, porque se trasladó a las personas empleadas de un área a otra.

3.7   EL MANTENIMIENTO PREVENTIVO TOTAL

El mantenimiento productivo total (o *total productive maintenance*, TPM) nació en Estados Unidos, donde muchas empresas manufactureras aplicaron ciertas prácticas para evitar fallos y, en consecuencia, paradas imprevistas y reparaciones de emergencia. Tras la Segunda Guerra Mundial, mientras Japón reconstruía su economía, varios gerentes e ingenieros japoneses visitaron estas plantas para tomar ideas e implementarlas en Japón.

Aquellas ideas se aplicaron, a modo de prueba, en Nippondenso, que se dedicaba a la fabricación de componentes para Toyota. Se involucró a todo el personal, no solo a las personas encargadas del mantenimiento. Se hizo especial hincapié en la implementación de ciertas prácticas para que los operarios se responsabilizasen del mantenimiento y el cuidado de los equipos. En 1971, la planta recibió un premio del Instituto Japonés de Mantenimiento de Plantas. Poco después, Seiichi Nakajima publicó una descripción del proceso de implementación de este sistema, los elementos que lo componen y la forma en que debe llevarse a cabo. En 1987, el sistema regresó a su país de origen y Kodak se convirtió en la primera empresa que lo implementó en Estados Unidos.

El costo de las pérdidas de equipos
Por lo general, por cada 300 problemas menores desatendidos —falta de limpieza, lubricación, etc.—, se generan 30 problemas medianos y estos, a su vez, dan pie a un problema importante, como el reemplazo de un componente costoso.

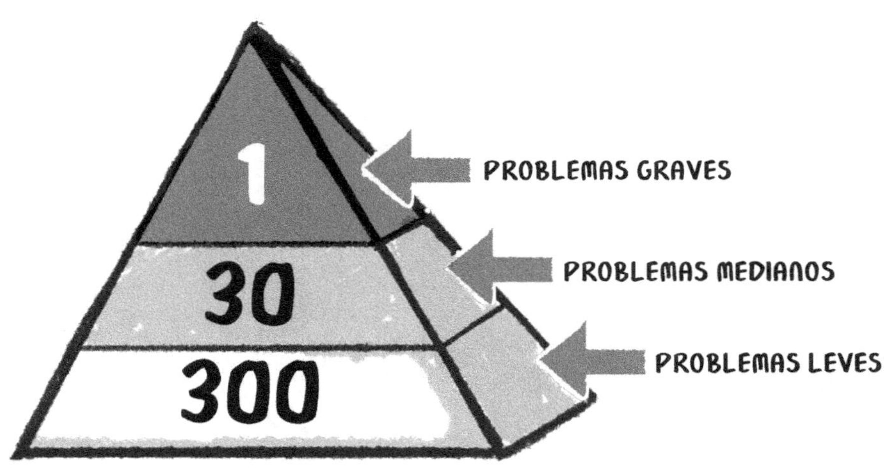

Costos de mantenimiento

- Los costos de mantenimiento pueden representar entre el 15 y el 40 % del costo total de fabricación.
- Las reparaciones de emergencia cuestan al menos tres veces más que si se hubieran planeado las mismas reparaciones.
- El 58 % del costo de mantenimiento se debe a una operación deficiente.
- 17 % del costo de mantenimiento se debe a una lubricación deficiente.

Se trata, sin duda, de unas cifras excesivas. Hay que evitarlas.

El mantenimiento productivo total (TPM) es un método de mejora que permite la continuidad de cualquier operación mediante los conceptos siguientes:

1. Prevención.
2. Cero defectos.
3. Cero accidentes.
4. Participación de todo el personal.

En las empresas de fabricación, el mantenimiento de las máquinas lleva aparejado el riesgo de que se produzca una parada y la actividad se detenga durante un tiempo.

Retos actuales

En las empresas tradicionales, el cuidado personal y el mantenimiento no se consideran una prioridad y no suelen asignarse recursos a los apartados siguientes:

- Desarrollo de programas de atención y sensibilización.
- Formulación de un plan adecuado de cuidado y mantenimiento.
- Puesta en marcha de medidas para un mantenimiento preventivo y predictivo.
- Formación del personal para que lleve a cabo cuidados básicos.
- Desarrollo de profesionales del mantenimiento.
- Adquisición de suministros requeridos para el mantenimiento adecuado.
- Disponer de las herramientas necesarias para hacer el trabajo.

No puede permitirse que el proceso deje de aportar valor al cliente por no disponerse del personal o el equipo necesarios. Cuando las personas o las máquinas fallan, hay que desembolsar grandes cantidades de dinero y tiempo para que el proceso vuelva a ponerse en marcha. Quienes se dedican a las tareas de mantenimiento deben afrontar un estrés enorme, pues dedican la mayor parte de la jornada a resolver y reparar, y no a planificar y a mejorar las instalaciones. Esta situación, en muchos casos, desemboca en un círculo vicioso de fallos y reparación de equipos, sobre todo cuando no se atienden las quejas y no se asignan los recursos adecuados para evitarlas.

El mantenimiento productivo total se basa en estos seis pilares:

1 Mejora continua.
2 Mantenimiento autónomo.
3 Mantenimiento planificado.
4 Mantenimiento de calidad.
5 Formación.
6 Seguridad.

Beneficios del mantenimiento productivo total

El beneficio principal consiste en mantener en óptimas condiciones todos los factores que requiere la empresa para garantizar la continuidad del flujo de valor. Sin embargo, existen otros beneficios adicionales:

- Lograr que las instalaciones y los equipos alcancen su potencial máximo.
- Reducir significativamente los riesgos.
- Mejorar la calidad de los productos o servicios.

- Asegurar la integridad de las personas con mayor seguridad.
- Reducir los costos asociados a reparaciones, averías, tiempo de inactividad, etc.
- Maximizar la efectividad de la empresa.
- Incrementa la vida útil de los equipos.
- Eliminar el desgaste forzado.
- Retirar las seis grandes fallas de equipos.
- Reducir el consumo de energía.

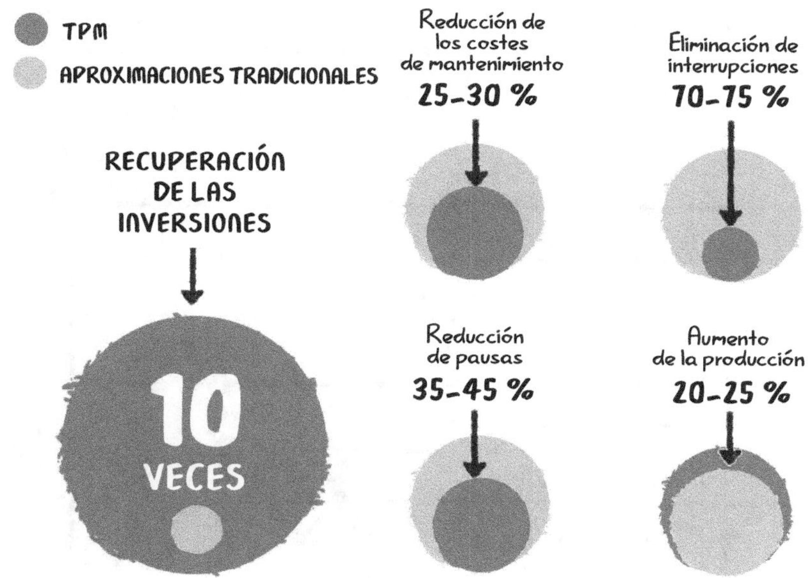

Las seis graves fallas que puede sufrir un equipo

1 Averías (el equipo pierde tiempo cuando se detiene para realizar reparaciones).
2 Tiempos muertos (el equipo se detiene para realizar cambios o reinstalaciones).
3 Daños leves.
4 Ralentizaciones (la velocidad disminuye por culpa de ajustes, errores o un ritmo de trabajo inconstante).
5 Pérdidas de tiempo durante el proceso de producción (con los consiguientes fallos).
6 Defectos (causados cuando el equipo retoma su labor tras haber realizado un cambio o un ajuste).

Eficacia general de los equipos *(overall equipment effectiveness, OEE)*

Esta medición posee una gran importancia a la hora de evaluar la capacidad real y la capacidad potencial de un proceso de producción en el que no haya defectos. Para conocerla, es preciso recabar datos a diario y poder realizar los cálculos siguientes:

- **Disponibilidad (B/A)** = (Tiempo disponible – Tiempo de espera) / Tiempo disponible.
- **Eficiencia (D/C)** = Producción total / (Tiempo de operación × capacidad).
- **Calidad (F/E)** = (Producción total – Defectos y retracciones) / Producción total.
- **OEE** = Disponibilidad × Eficiencia × Calidad.

OPERACIONES TOTALES

			No previsto
DISPONIBILIDAD	A Tiempo de producción potencial		
	B Tiempo de producción actual	Pérdida de tiempo: – Pausas, espera	
RENDIMIENTO	C Resultado teórico		
	D Resultado actual	Pérdida de velocidad: – Paradas menores – Velocidad reducida	Pérdida de eficacia
CALIDAD	E Resultado actual		
	F Producto satisfactorio	Pérdida de calidad: – Restos – Repetición del trabajo	

OEE = índice de disponibilidad X índice de rendimiento X índice de calidad: B/A x D/C x F/E

Por lo general, el porcentaje de OEE significa lo siguiente:

< 45 %	pobre
50 % - 64 %	**promedio**
65 % - 74 %	**bueno**
75 % - 84 %	**muy bueno**
> 85 %	excelente

El objetivo, pues, será aumentar la OEE incrementando la eficiencia. Puede lograrse mediante la reducción de averías, de esperas, de paradas, de velocidades reducidas, así como de residuos y repetición de tareas.

La importancia del mantenimiento preventivo total

Una empresa dedicada a la fabricación de piezas de metal y de plástico atravesaba una situación muy complicada. Las entregas se retrasaban y los clientes se quejaban de la calidad de los productos, cada vez peor. Todo se debía a una máquina de formado que pasaba la mayor parte del tiempo inactiva. Se seleccionó para un proyecto piloto para implementar un método de mantenimiento preventivo total. Se comenzó con una limpieza a fondo y, a continuación, se la dotó de un programa de mantenimiento autónomo: se encargó a un operario que la limpiase y la lubricase todos los días, y además diseñase un plan preventivo y predictivo para el departamento de mantenimiento. Tras la fase piloto, la máquina se incorporó a la cadena de producción. Los resultados fueron sorprendentes: en tres meses, el porcentaje de inactividad pasó del 60 al10 %. Las entregas y la calidad mejoraron hasta el punto de que se alcanzó el nivel 4 Sigma.

3.8   SMED Y CAMBIO RÁPIDO

Taiichi Ohno, jefe de producción de Toyota, analizó cuidadosamente cómo funcionaba la industria automovilística estadounidense en la década de 1960. Por aquel entonces, aquellas empresas disponían de una gran cantidad de prensas que les permitía fabricar piezas para diferentes modelos sin cambiar los moldes —una tarea que, en algunos casos, podría llevar más de 24 horas—. Sin embargo, Toyota tenía muchas menos prensas. El desafío estaba claro: fabricar una amplia gama de vehículos con un equipo más reducido. Toyota contrató a un consultor, Shigeo Shingo, que desarrolló un proceso que, en 1970, permitió modificar las prensas, que pesaban más de mil toneladas, en poco menos de tres minutos.

El método, obra de Shigeo Shingo —creador, a su vez, de otras aplicaciones Lean— se conoce como SMED (siglas de *single-minute exchange of die*, o cambio de troquel al minuto) y posee una gran importancia. Muchas actividades en la vida dependen de la rapidez con la que pueda configurarse un proceso para cambiar un producto o un servicio. Piénsese, por ejemplo, en una operación de cirugía. Cuando termina, hay que realizar diversas tareas antes de proceder a la siguiente (limpieza, eliminación de desechos, desinfección, preparación de instrumentos, firma de toda la documentación de la operación anterior, preparación de la nueva, etc.).

Otro ejemplo de SMED puede verse en la parada en *boxes* durante una competición automovilística: cambio de neumáticos, repostaje, revisión, calibrado, limpieza, etc. Hace años, el equipo necesitaba varios minutos. Posteriormente, se redujo a un minuto; luego, treinta segundos, diez segundos y hoy, solo dos segundos.

El SMED tiene un objetivo muy claro: reducir drásticamente el tiempo que se tarda en pasar de una operación a la siguiente o, dicho con otras palabras, reducir el tiempo del ciclo de caja (o *cash flow cycle time*). Esta reducción contribuye a que la empresa produzca una mayor variedad de artículos —por lo que respecta a su color y tamaño, por ejemplo— o servicios utilizando el mismo equipo o las mismas áreas en un período de tiempo más corto.

El cambio rápido (o quick changeover) reducirá significativamente:
- Tiempos de espera.
- Quejas y defectos del cliente.
- El tiempo de entrega.
- Trabajo en progreso.
- Inventario de producto terminado.
- Inversión en piezas (materiales, repuestos).

Asimismo, el cambio rápido proporcionará:
- Mejor rotación de inventario.
- Mejoras en la productividad.
- Aumento de capacidad.
- Mayor flexibilidad ante la demanda.

Aplicación del método SMED en un restaurante

Imaginemos que alguien lleva más de diez minutos para que le den mesa. De pronto, mira a su alrededor y se da cuenta de que hay un buen número de mesas vacías, pero sin limpiar ni preparar. En Brasil vimos el mejor SMED aplicado a este tipo de establecimientos: se ponía a punto una mesa para seis u ocho personas en menos de ocho segundos. Los clientes aún no habían salido por la puerta y ya estaba lista para los siguientes. De ese modo, cualquiera puede tomar asiento nada más llegar.

Ciclo de mejora de SMED

Cuando está claro que el cuello de botella en el sistema requiere una reducción drástica en el tiempo de preparación, realizamos una actuación *kaizen* para acortar el cambio o la configuración que permita una mejora de la productividad general.

Planificación

- Realizar un mapa de flujo de valor del servicio o proceso de fabricación.
- Determinar el impacto de hacer una actividad *kaizen* para mejorar el tiempo de preparación.
- Seleccionar el equipo o el servicio para mejorar el tiempo de cambio. Hay que centrarse en el cuello de botella.
- Establecer un equipo multidisciplinar de personas de diversas áreas (operadores de producción, personal de calidad y mantenimiento, etc.).
- Verificar el programa de producción para establecer una fecha de inicio para la actuación *kaizen*.
- Grabar todo el proceso con una cámara de video y revisarlo posteriormente.
- Hablar de los cambios rápidos con todos los miembros del equipo dedicado al *kaizen*.

Ejecución

- Observar y medir el tiempo total de cambio.
- Separar las actividades que se realizan durante la preparación y las actividades que se realizan fuera de la preparación.
- Convertir las actividades internas en actividades externas y sacar las actividades externas de la preparación.
- Eliminar residuos en actividades internas.
- Eliminar residuos de actividades externas.
- Estandarizar y mantener el nuevo procedimiento.

Seguimiento

En la última etapa del proceso de mejora, debe establecerse un procedimiento o una instrucción muy clara y simple para llevar a cabo el cambio. Asimismo, habrá que preparar una lista de verificación para mantener los logros obtenidos en la aplicación de la metodología y asegurarse de que se llevan cabo de manera consistente:

- Documentar procedimientos de cambio mejorados.
- Comunicarse con todos los involucrados.
- Capacitar a las personas involucradas en el cambio.
- Proporcionar instrucciones estandarizadas en los lugares de trabajo.
- Establecer un objetivo para los cambios.
- Medir, publicar y seguir los tiempos de cambio.

3.9 KANBAN

En la década de 1970, Taiichi Ohno, jefe de operaciones de Toyota, y sus colegas visitaron algunas plantas estadounidenses, vinculadas al sector del automóvil o a otro distinto, para buscar un sistema de programación que evitase los altos niveles de inventario.

No encontraron lo que buscaban en las plantas. Sin embargo, cuando visitaron los supermercados durante su viaje, se sintieron atraídos por la forma en que se reponían los artículos cuando se retiraban de las estanterías. Al realizarse el pago en la caja, se enviaba una señal para que se repusiesen los productos adquiridos.

El sistema *kanban* se ha desarrollado de una manera muy similar a cómo funcionan los supermercados, donde el dinero o el pago son una señal para reponer los productos en los estantes. El sistema *kanban*, en lugar de dinero, utiliza tarjetas.

Un *kanban* es una tarjeta que identifica los elementos, controla su flujo y documenta los resultados.

Un sistema *pull* es un sistema de comunicación que permite el control de la producción, sincroniza los procesos de fabricación con los requisitos del cliente y apoya firmemente la programación de la producción.

Kanban *de retirada*

Especifica el tipo y la cantidad de producto que un proceso debe retirar del proceso anterior.

Kanban *de producción*

Especifica el tipo y la cantidad de producto que debe producir un proceso.

En la siguiente figura, se aprecia cómo funciona el *kanban*. En un primer momento, el operador retira un producto determinado. A continuación, el espacio vacío o la tarjeta *(kanban)* notificarán al operador que debe reponer ese artículo para que esté disponible para el próximo cliente.

El operario precedente
rellena el espacio vacío

El operario siguiente
extrae el objeto "A"

Reglas Kanban

- No pasar productos defectuosos a los siguientes procesos.
- Se retira la tarjeta *kanban* cuando un proceso elimina partes del proceso anterior.
- Cada proceso de fabricación produce las cantidades que especifica la tarjeta *kanban* que se retira (la tarjeta indica la orden de producción).
- Sin *kanban*, no puede producirse o transportarse nada.
- La tarjeta *kanban* funciona como una orden de producción adjunta a los artículos.
- El número de tarjetas *kanban* disminuye con el tiempo

Kanban

Una empresa farmacéutica adoptó la manufactura celular, el TPM, el SMED y otras herramientas, pero mantuvo su sistema de planificación de los materiales o MRP, poco fiable a la hora de planificar las órdenes de producción. Fue una pesadilla: el plan de producción cambiaba a diario por culpa de una programación incorrecta. Los inventarios crecían sin parar, al igual que los retrasos en las entregas. Para solucionarlo, les ayudamos a implementar el sistema *kanban*, a desarrollar un sistema de producción *pull* y a enviar órdenes de producción solo cuando fuese necesario. De este modo, se creó un flujo suave que redujo los inventarios de los 4,5 meses iniciales a tan solo 30 días en poco menos de medio año.

3.10   SIX SIGMA

Con este nombre, se conoce al método nacido de la evolución de los sistemas de calidad mediante el desarrollo de la gestión por la calidad total. Su filosofía convierte los valores de calidad en la mayor fortaleza que puede tener la empresa, más allá del liderazgo, el diseño, la planificación, la ejecución y la mejora. El concepto de calidad exige una disciplina que va más lejos de la mera asignación de reglas y premios: implica un sistema de conocimiento y ejecución que lleva a la mejora continua de nuestra manera de trabajar.

William Deming, Joseph Juran, Philip B. Crosby, Armand V. Feigenbaum, Kaoru Ishikawa, Genichi Taguchi y muchos otros han contribuido, con su esfuerzo y dedicación, a forjar lo que hoy se conoce como el concepto y la filosofía de la calidad. Introdujeron las premisas del sistema Six Sigma.

En la década de 1980, Motorola no pasaba por su mejor momento. Había perdido competitividad y el porvenir no parecía muy prometedor —Bob Galvin, director ejecutivo (CEO) de la empresa, llegó a decir «nuestra calidad apesta»—. El nivel de calidad era tan bajo que la empresa, si no hacía algo, acabaría por cerrar. Galvin ordenó a su personal que mejorara significativamente el nivel de calidad. Había que pasar del nivel 3 Sigma (93,3 % de productos buenos) al nivel 4 (99,3 %). La calidad aumentó de manera significativa e incluso se alcanzó el nivel Six Sigma: solo 3,4 defectos por millón de oportunidades (productos o servicios).

Varios ingenieros de la empresa implicados en el proyecto, y en especial Mikel Harry, recomendaron a Galvin que se dejase de utilizar el promedio como una forma para evaluar el desempeño general. La desviación estándar sería mejor, ya que representaba la variación de un conjunto de datos con respecto a su media, un dato mucho más revelador cuando debe medirse constantemente la calidad de los productos en lugar de promediar resultados buenos y malos.

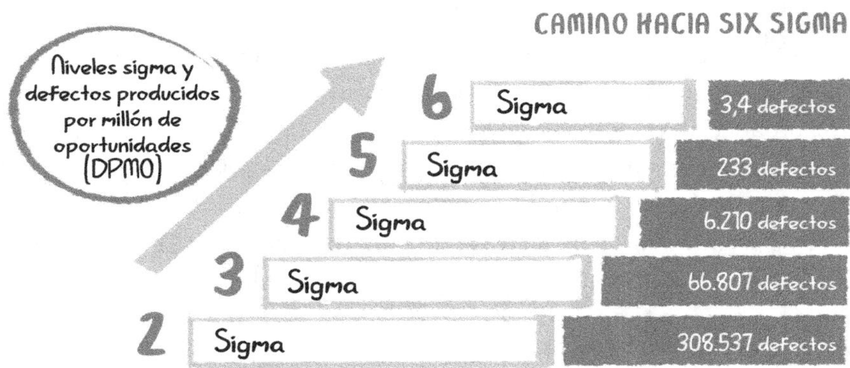

En Estados Unidos, Malcolm Baldridge, Secretario de Comercio entre 1981 y 1987, presentó una propuesta al presidente Ronald Reagan para establecer un Premio Nacional de Calidad. Poco antes de que se otorgara por primera vez, Baldridge murió en un accidente automovilístico y el galardón pasó a llamarse Malcom Baldridge National Quality Award. Motorola lo recibió en 1988 no solo por alcanzar el nivel 4 Sigma, sino también por llevar algunos procesos hasta el nivel de calidad casi perfecto de 99,9996 %, equivalente a Six Sigma. En 2010, se le cambió de nuevo el nombre para convertirse en el Baldridge Performance Excellence Program.

Otras empresas como General Electric, Lockheed Martin, Texas Instruments o Honeywell siguieron el ejemplo de Motorola y prepararon a su personal y orientaron todos sus proyectos en favor de una industria más eficiente y productiva.

Como bien ha afirmado Jack Welch, CEO de General Electric, «Six Sigma es un programa de calidad que, cuando todo está dicho y hecho, mejora la experiencia de sus clientes, reduce los costos y crea mejores líderes».

El sistema Six Sigma puede definirse de varios modos:

1 Como un método de medición con el que evaluar cualquier proceso y compararlo con otro.
2 Como un **método** de mejora con el que reducir la variación de manera drástica.
3 Como un sistema de gestión con el que lograr el liderazgo empresarial y el máximo rendimiento.

Cuando las variaciones se miden estadísticamente, se aprecia la dispersión de un conjunto de datos con respecto a su media. La letra griega sigma (σ) se utiliza para identificar la desviación estándar.

NIVEL SIGMA	DEFECTOS POR MILLÓN	PORCENTAJE DE DEFECTO
1	691.462	69 %
2	308.538	31 %
3	66.807	6,7 %
4	6.210	0,62 %
5	233	0,023 %
6	3,4	0,00034 %
7	0,019	0,0000019 %

¿Por qué conviene implementar el método Six Sigma?

Su aplicación trae consigo los siguientes beneficios:

- Asegurar la calidad en cada tarea.
- Crear un grupo de personas capaces de mejorar la calidad.
- Establecer una filosofía de trabajo y una estrategia empresarial.
- Mejorar significativamente la calidad de productos y servicios.
- Asegurar la permanencia del negocio.
- Aumentar la rentabilidad.
- Desarrollar productos y procesos robustos.
- Asegurar una comprensión clara de los requisitos del cliente.

Six Sigma se usa cuando queremos reducir la variabilidad en los procesos, cuando se desea mejorar el nivel de cumplimiento con las especificaciones del cliente cuando muestran una variación que se ha salido de control o cuando los niveles de calidad no cumplen con las expectativas del cliente y la variación existente podría redundar en una mejora notable de todo el proceso.

Herramientas Six Sigma
- Plan de proyecto.
- Despliegue de la función de calidad.
- Modelo Kano.
- Muestreo.
- Medidor R & R.
- Histograma.
- Análisis de capacidad.
- Pruebas de hipótesis e intervalos de confianza.
- Estadísticas descriptivas.
- Diseño de experimentos.
- Análisis de regresión.
- Control estadístico.

Características de Six Sigma
- Se establece una estructura dedicada a la formación.
- Se adopta un enfoque proactivo.
- Se utiliza una metodología estructurada con diversas herramientas.
- Se trabaja en variables clave del proceso.

- Se mejoran aquellas características en las que estriba la calidad.
- Se genera la calidad en procesos y no en inspecciones.
- Se consigue que las salidas de los procesos dependan de las entradas.

La implementación del sistema Six Sigma

Una empresa especializada en la fabricación de piezas metálicas implementó el sistema Six Sigma para mejorar las entregas a tiempo y reducir drásticamente las quejas de los clientes. Se necesitaron tres años y medio para llevarlo a cabo, desde que se comenzó a preparar al personal y se recopiló la información hasta el momento en que obtuvieron los resultados.

Las entregas a tiempo mejoraron: se pasó de un 45 al 94,6 %. Las quejas de los clientes se redujeron del 6,8 al 0,9 %. Si se hubiese adoptado solo el método Lean, las cifras no hubieran sido tan buenas. Se necesitaban los métodos estadísticos Six Sigma. Desde entonces, la empresa ha implementado con éxito más proyectos basados en este sistema y toda la plantilla busca constantemente el modo de mejorar día tras día.

Relación de Six Sigma con Lean Manufacturing

Algunos expertos consideran que una empresa cuyo residuo alcanza el 10 % puede reducir hasta un 40 % de su capacidad. Por eso la velocidad (Lean) y la calidad (Six Sigma) son las caras opuestas de la misma moneda.

Las empresas ágiles no solo requieren una metodología basada en la mejora y un conjunto de recursos que reduzcan los defectos, mejoren la velocidad de entrega y, por lo tanto, aumenten la satisfacción del cliente.

En este libro hemos aconsejado métodos y herramientas con los que crear empresas ágiles. Sin embargo, debe tenerse en cuenta que solo funcionan cuando se les da el enfoque necesario. Hemos descrito las siguientes funciones.

Aplicación del método

En el sistema Lean Six Sigma, se recurre al método Six Sigma así como a una combinación de herramientas estadísticas y derivadas de los métodos Lean.

La metodología Six Sigma DMAMC consta de estas fases:

1 Definir
2 Medir
3 Analizar
4 Mejorar
5 Controlar

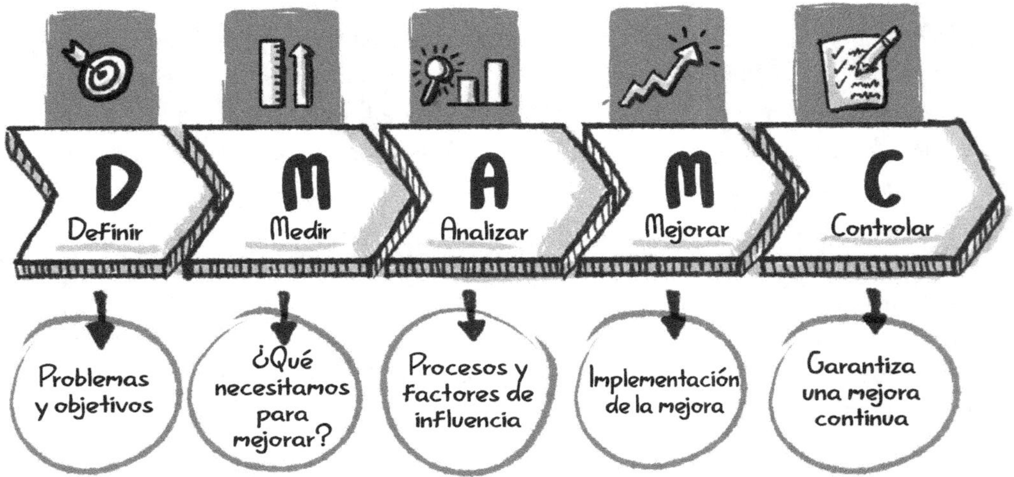

Para la innovación, se emplea el método **DMADV,** que comprende las fases siguientes:

1 Definir
2 Medir
3 Analizar
4 Diseñar
5 Validar

En ambos casos, el sistema Lean Six Sigma utiliza las metodologías descritas anteriormente con las herramientas Lean y Six Sigma.

3.11 PUNTOS CLAVE

1 Hay que elegir aquellas herramientas que sean más fáciles de entender y más eficaces para la empresa.

2 Debe seleccionarse una metodología adecuada que apoye la filosofía de la empresa.

3 Hay que escoger a personas de todos los niveles de la empresa para prepararlas como cinturones blancos, amarillos, verdes y negros (sin olvidar al maestro con cinturón negro) con las que desarrollar ciclos de mejora continua utilizando la combinación de herramientas correcta en cada caso.

4 *Kaizen* y *kaikaku* son herramientas excelentes a la hora de mejorar un proceso.

5 Al principio, es mejor recurrir a herramientas simples y básicas como 5 S, *andon, standard work* o *poka yoke.*

6 La realización de un AMFE completo evitará fallos futuros.

7 A3 permite documentar la resolución de problemas y el diagrama *ishikawa,* encontrar la causa raíz.

8 El flujo continuo ayuda a reducir todo tipo de ineficiencias (inventarios, tiempo de espera, defectos, residuos) y aumenta la velocidad en línea y mejora la comunicación.

9 TPM y OEE contribuyen a que la empresa sea más eficiente y se convierta en la mejor del sector.

10 SMED reduce los cambios a lo largo del tiempo y permite que se realice en apenas unos segundos lo que antes costaba horas.

11 *Kanban* ayuda a mantener los inventarios reducidos a su mínima expresión sin que falten piezas cuando se necesitan.

12 Six Sigma es un proceso estadístico que permite reducir los defectos (calculados en piezas por millón). Las compañías aéreas y empresas de otros sectores han alcanzado cotas de 7 y 8 niveles Sigma, con índices de menos de un defecto por millón.

13 La combinación de los sistemas Lean y Six Sigma es perfecta. Todas las empresas deben esforzarse para lograrla.

Aquí puede anotar otros puntos clave:

____

____

____

____

____

____

4 CÓMO CONVERTIRSE EN UNA EMPRESA BASADA EN EL MÉTODO LEAN SIX SIGMA

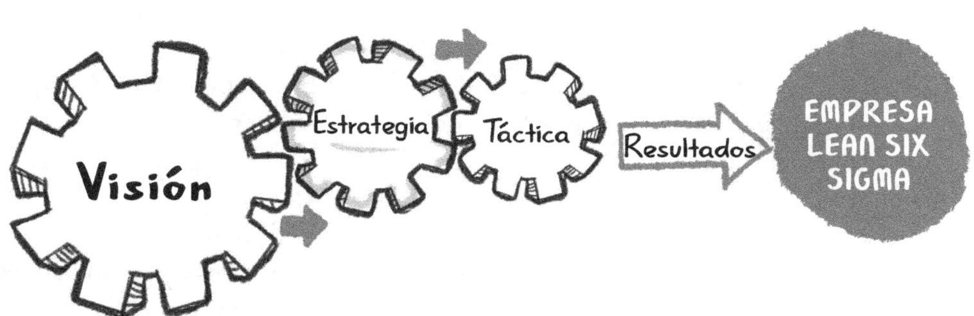

4.1   ¿CÓMO SE DISEÑARÁN LAS EMPRESAS DEL FUTURO?

Ahora que hemos revisado todas las herramientas clave, estamos listos para comenzar. Es posible que algunos de nosotros hayamos comenzado varias veces, que otros hayan comenzado y otros que todavía no hayan comenzado. No te preocupes, te guiaremos en cómo comenzar y ser exitoso. Siempre comienza con el final en mente. Esto significa preguntarse: ¿Cómo quiero que mi empresa esté después de la transformación? ¿Qué necesita cambiar? ¿Qué quiero mantener? ¿Qué se debe hacer menos y qué se debe detener para transformarse en una Empresa Lean Six Sigma?

Las empresas basadas en el sistema Lean Six Sigma incluyen los elementos siguientes:

1 **Estrategia:** conviene tener un destino claro y saber el camino que la empresa debe seguir para lograr sus objetivos de cara a los clientes, los accionistas, la plantilla y la sociedad.

2 **Estructura:** el diseño de la estructura organizativa es fundamental para las empresas que evolucionan más rápido que su competencia y más cuando lo hacen basándose en el valor que crean para los clientes. Las empresas que adoptan este sistema poseen una estructura muy simple y ágil porque la responsabilidad ya no recae en las personas, sino en los equipos siguientes:

- **Equipo de gestión:** lo forman la dirección general y la gerencia, que se encargan del flujo de valor, así como de crear la estrategia y comunicarla, de definir los objetivos y de medirlos continuamente para tomar decisiones para toda la empresa.

- **Equipos de flujo de valor:** los constituyen todas las personas implicadas en los procesos que generan valor para el cliente —ventas, diseño, ingeniería, logística, producción y servicio, calidad, mantenimiento, etc.—, necesarias para llevar un servicio o un producto, desde el principio hasta el final, desde la materia prima hasta el producto terminado. Se pretende que funcionen y se evalúen como un equipo, no como miembros de departamentos separados. El líder de la cadena de valor tiene la responsabilidad y la autoridad para acometer el proceso en general.

- **Equipos de proceso:** cada equipo desarrolla su trabajo diario y se asegura de que nunca se detenga la generación de valor. Los equipos se aseguran de que se cumplan todas las condiciones del proceso. Algunos pueden participar en más de un flujo de valor como, por ejemplo, el seguimiento de las ganancias y las pérdidas de toda la empresa.

- **Equipo de implementación de mejoras:** están formados por personas expertas en Lean Six Sigma, dedicadas a implementar mejoras o resolver problemas complejos. Es muy importante que las personas responsables de estas transformaciones tengan una dedicación completa.

- **Desarrollo del talento:** el diseño de la forma en que las personas deben ser contratadas, formadas y evaluadas determina en gran medida el funcionamiento eficiente de toda la empresa, ya que el sistema se basa en las personas y el talento que estas poseen.

- **Procesos de un flujo de valor:** una empresa Lean solo funcionará si los procesos que conforman el flujo de valor poseen el mismo enfoque y obedecen al mismo liderazgo. La prioridad de toda la plantilla, que debe actuar como un solo equipo, se centrará en la eliminación de los residuos, las dificultades y la variabilidad. Para conseguirlo, cada persona diseña nuevas formas de hacer su trabajo con un enfoque en la corriente de valor.

Los procesos que deben considerarse son los siguientes:

- **Diseño del producto:** el proceso de investigación y desarrollo se ha concebido para eliminar los residuos y utilizar tanto las herramientas estadísticas como la creatividad para acelerar el lanzamiento del producto al mercado, introducir el producto en la fabricación de manera más eficiente, lograr el costo deseado y desarrollar productos de mejor calidad que satisfagan al cliente.

- **Mercadotecnia:** los procesos de *marketing* y ventas se diseñan para aumentar la cuota de mercado, sobre todo cuando se dispone de la capacidad necesaria y se precisa aumentar las ventas, reducir costos y lograr que aumente el número de clientes comprometidos con la marca. Para conseguirlo, es preciso enfatizar la satisfacción y la creación de valor para el cliente.

- **Logística:** las funciones de planificación, compras, almacenamiento y envío están diseñadas para eliminar cualquier residuo y vincular la cadena de suministro a proveedores y clientes. De este modo, el proceso dispondrá de las materias primas necesarias así como del flujo de información que permita que el valor llegue al cliente.

- **Fabricación:** las operaciones de diseño y desarrollo se realizan mediante la fabricación por células y equipos autónomos, integrados por personas de diferentes procesos encargadas de que el material y el producto fluyan sin interrupción y con la mejor calidad posible para entregar el máximo valor al cliente con el costo esperado.

- **Servicio:** en este tipo de empresas, los equipos están diseñados para brindar servicios gracias a un gran número de habilidades. El proceso se desarrolla en un flujo continuo sin interrupciones que permite responder en el menor tiempo posible y garantizar la satisfacción de los clientes.

- **Contabilidad:** en una empresa Lean Six Sigma, el flujo de proceso y el flujo de dinero están completamente interconectados. Conviene diseñar un proceso contable y financiero que permita tomar las mejores decisiones para cada flujo de valor y para la empresa. De este modo, los cobros, las cuentas por pagar, los presupuestos, la presentación de resultados, etc., serán más ágiles y efectivos con el mismo enfoque en el valor.

- **Calidad:** el proceso está diseñado para que la calidad se incorpore a los procesos que agregan valor al cliente, aunque no necesariamente en un departamento de la empresa. Los sistemas de calidad se desarrollan unificando todos los elementos de cada proceso del flujo de valor.

- **Mantenimiento:** la entrega de valor nunca debe detenerse porque algunos equipos, instalaciones o sistemas no funcionan. Las tareas de mantenimiento son importantísimas y ninguna empresa puede descuidarlas. Todas deben adoptar un enfoque integral para lograr un mantenimiento productivo.

- **Sistemas de información:** estamos pasando de la era de la información a la era del análisis y la toma de decisiones. Ya no es tan importante disponer de una gran cantidad de datos: es mejor saber cómo usarlos y asegurarse de que los sistemas de comunicación, *software* y *hardware* trabajan juntos para unir todos los elementos del sistema en un flujo de información sin interrupción. De este modo se logrará una ventaja competitiva.

Piénsese de nuevo en la estrategia del bienestar que se describió en el capítulo 2, en la que todos los elementos, los sistemas y las herramientas convergen en un solo centro: el propósito, la estrategia, la visión, la misión y los valores que conducen a la transformación Lean Six Sigma.

4.2   ¿EN QUÉ CONSISTE UNA EMPRESA LEAN SIX SIGMA?

El diseño de una empresa Lean Six Sigma sólida siempre comienza por el final deseado. Luego vienen el diseño de la estrategia, la estructura organizativa y el sistema de desarrollo de talento.

El hecho de diseñar un sistema fuerte obliga a planificar la transformación de esa estructura. No se trata de copiar a otra empresa (no suele funcionar y ocasiona muchos errores). Alguien podría pensar que el sistema no vale para nada. Para demostrar lo contrario, es mejor adoptar un enfoque basado en cuatro fases para llevar a cabo el inicio o el reinicio de este sistema de gestión. Aparecerán problemas y algún que otro obstáculo. No hay que inquietarse: basta con hacer el trabajo y afrontar esos contratiempos con las herramientas que se han analizado anteriormente. Hay que centrarse y tener paciencia. Los buenos resultados acaban por llegar.

¿En qué consiste una auténtica empresa Lean Six Sigma?

Una empresa Lean Six Sigma implica, ante todo, una forma de pensar y actuar concreta para que todas las personas que la integran dominen los procesos que producen resultados correctos para la plantilla, los clientes y los propietarios. Asimismo, implica una forma de vida que no permite el conformismo y requiere que lo mejor de cada persona funcione correctamente además de un grado de compromiso alto por parte de todos sus miembros. Es un sistema que se construye con gran esfuerzo y que se mantiene con orgullo porque es el mejor, teniendo en cuenta que nuestro trabajo es lo que permite el desarrollo de nuestras familias y nuestro país.

Una empresa Lean Six Sigma proporciona un sistema de gestión que orienta todos los esfuerzos de los equipos que trabajan en todos los niveles para centrarse en lo necesario. Ofrece valor al cliente e integra con éxito todas las áreas de la empresa en un solo foco de prioridades.

El personal de una empresa Lean Six Sigma trabajará y se comportará como los miembros de una orquesta sinfónica, interpretando una partitura al unísono y en armonía, creando música de gran calidad.

El desafío para las empresas radica en enseñar a todos a compenetrarse como un gran equipo. Se necesita, pues, una estructura que logre la integración necesaria de manera natural. Y para conseguirlo, es preciso llevar un recuento de lo conseguido con un cuadro de resultados *(box score)*. Los resultados marcan el ritmo al que debemos trabajar y las prioridades del mercado, el ritmo del trabajo cooperativo.

Las mejores prácticas pueden implementarse en todo tipo de empresas, con independencia del sector en el que operen, su tamaño y su nivel de madurez.

Todas las empresas deberían adoptar el sistema Lean Six Sigma. Y ahora, gracias al conocimiento y la experiencia acumulados, todas tienen la posibilidad de hacerlo.

Servicios

Tres de cada cuatro trabajos que se realizan se llevan a cabo en el sector dedicado a los servicios. En este campo, el sistema Lean Six Sigma ayuda no solo a brindar mejores servicios, sino también a crear nuevas experiencias para los clientes y a mejorar de manera muy significativa el costo, la calidad y la velocidad con la que se realizan esos servicios. De hecho, en las empresas manufactureras, gran parte del trabajo realizado se engloba dentro de los servicios internos, como el mantenimiento, la contabilidad, la gestión de nóminas, etc.

Las empresas de servicios que deberían implementar el modelo Lean podrían ser, por ejemplo, hoteles, hospitales, restaurantes, aeropuertos, administración pública, empresas de seguros, empresas distribuidoras, clínicas, grandes almacenes, tiendas de alimentación, talleres de reparación de automóviles, diseñadores, transportistas, universidades, agencias de viajes, logística, consultoría, mensajería, bancos, agencias de mercadotecnia, servicios profesionales, etc.

Fabricación

Las empresas de manufactura están cambiando totalmente la forma en que organizan y capacitan a su personal, el diseño de la planta y la forma en que producen, integrando en las corrientes de valor a todo un equipo de personas de diferentes especialidades e implementando las herramientas de flujo continuo, secuenciación de producción, mecanismos para detectar errores, etc. Así puede lograrse una entrega más rápida, con mucha mejor calidad y menores costos, lo que resulta en un aumento de las ganancias.

Ejemplos de empresas fabricantes que deberían implementar Lean Six Sigma Company: productos médicos y farmacéuticos, alimentación y bebidas, plásticos, minería, mobiliario, electrodomésticos, construcción, automóvil, industria militar, electrónica, aeroespacial, siderúrgica, materiales decorativos para textiles, envasado, etc.

4.3   INICIAR O REINICIAR EL PROCESO PARA CONVERTIRSE EN UNA EMPRESA LEAN SIX SIGMA

Una fase cuatro es la mejor manera de comenzar o reiniciar:

Fase 1   Preparación.
Fase 2   Piloto.
Fase 3   Organización del flujo de valor.
Fase 4   Organización de la empresa Lean Six Sigma.

EMPRESA LEAN SIX SIGMA
PROCESO DE TRANSFORMACIÓN

1-3 MESES	4-6 MESES	1-2 AÑOS	1-2 AÑOS Y EN ADELANTE
PREPARACIÓN	**PILOTO**	**FLUJOS DE VALOR**	**EMPRESA LEAN SIX SIGMA**

• Formación inicial
• Evaluación inicial
• Desarrollo Hoshin Kanri
• Creación equipo líder
• Elección plan piloto
• Mapa Flujos de valor
• Diseño plan inicial
• Comunicación plan
• Inicio
	• Certificación WB, YB y GB
	• Procesos certificación
	HERRAMIENTAS BÁSICAS
	• 5 S, Andon, SW
	CICLOS DE ADECUACIÓN
	• DMAMC Kaizen Blitz para:
	  • Resolución problemas
	  • FMEA
	CICLOS DE MEJORA
	• DMAMC Kaizen para:
	  • Célula, TPM, SMED, etc.
	• DFSS Kaikaku para:
	  • Diseño producto, etc.
		• Certificación BB y MBB
		• Diseño Flujos de valor
		• Implementación VS Office
		• Selección miembros equipo
		• Certificación Flujos de valor
		CONTINUACIÓN
		  • Herramientas básicas
		  • Ciclos de adaptación
		  • Ciclos de mejora
		DESARROLLO
		  • Cadena suministro Kaizen
		  • Proveedor Kaizen
		  • Cliente Kaizen
			• Certificación de toda la empresa
			IMPLEMENTACIÓN
			LEAN SIX SIGMA EN:
			  • Diseño
			  • Contabilidad
			  • Recursos humanos
			  • Ventas y marketing
			  • Logística
			  • Servicio
			  • Fabricación
			  • TIC
			  • Calidad
			  • Mantenimiento

CAMBIO DEL PROCESO DE GESTIÓN

Fase 1   Preparación

Duración: de 1 a 3 meses

Durante esta fase se establecen las bases de la filosofía a largo plazo de una empresa Lean Six Sigma, se preparan las condiciones necesarias para una transformación exitosa y se llevan a cabo las primeras acciones para la gestión del cambio.

Con estas actividades se pretende que todos los miembros de la empresa se den cuenta de la importancia que tiene el hecho de que una empresa adopte el sistema

Lean Six Sigma y los beneficios que puede aportar. No obstante, conviene ser conscientes de que tales cambios ocasionarán alguna que otra resistencia.

Una buena preparación ayudará a comenzar con mayor seguridad. Por lo general, incluye: la capacitación del equipo de gestión y del proyecto, la revisión de las evaluaciones de la empresa, la revisión de la visión, la misión, los valores, la planificación estratégica y el mapeo de la cadena de valor de la empresa para definir objetivos y expectativas. Este es el momento de involucrar a las personas clave así como a todas las partes interesadas y pensar cómo será el futuro.

Actividades principales

- Capacitación inicial de los líderes para que comprendan la importancia del sistema Lean Six Sigma como una estrategia para mejorar el nivel de la empresa.
- Evaluaciones para establecer el estado inicial y definir las brechas para realizar las mejoras.
- Desarrollo de un *hoshin kanri* para establecer la visión, definir estrategias y proyectos, y establecer los indicadores clave de rendimiento.
- Elección del líder del equipo y definición de sus responsabilidades.
- Selección de un proyecto piloto basado en prioridades.
- Establecimiento de un plan maestro.
- Establecimiento de un plan de gestión del cambio.
- Preparación de un plan de comunicación.
- Organización de una ceremonia de inicio para anunciar que se inicia el viaje que llevará hasta el sistema Lean Six Sigma.

Participantes

- Dirección general.
- Equipo de dirección y gerencia.
- Vicepresidencia.
- Responsables de área.
- Gerencia de recursos humanos.
- Equipo de proyecto.
- Equipo de apoyo.

Obstáculos principales

- Resistencia al cambio de algunas personas de la dirección.
- Miedo a lo desconocido.
- Aplazamiento de planes y puesta en marcha.

Ventajas principales

- Aceptación de nuevos desafíos.
- Necesidad de aprender algo nuevo.
- Nuevas dinámicas empresariales y cambio.

Fase 2   Piloto
Duración: de 4 a 6 meses

La fase piloto consiste simplemente en una prueba centrada en un nuevo proceso, un nuevo sistema o bien una transformación que se lleva a cabo en un área o una unidad de negocio pequeña y restringida. De este modo, se sabrá si el nuevo sistema funciona según lo previsto y proporciona los resultados esperados. En este entorno deberán realizarse todos los cambios, mejoras y correcciones necesarios hasta que se logren dichos resultados. La ventaja del programa piloto radica en el hecho de que trabaja en un área pequeña y definida, y no en todo el sistema. No se implementará en la empresa hasta que la fase piloto muestre resultados consistentes.

Durante esta la fase, las primeras victorias generarán optimismo y motivación. Quedará claro que Lean Six Sigma puede ayudar a cualquier tipo de proceso.

Algunas herramientas básicas podrían comenzar a implementarse en el resto de la empresa, como las 5 S, el método *andon,* el trabajo estandarizado, etc., para involucrar a todos y mejorar la base y la motivación que llevará a la fase siguiente.

Sin duda, se trata de una de las fases más importantes de la transformación del modo de hacer de la empresa, sobre todo porque vemos si existen los líderes y el liderazgo necesarios para administrar la futura empresa Lean Six Sigma.

Actividades principales

- Formación y certificación de los cinturones blancos, los amarillos y los verdes.
- Inicio del 5 S dentro de la empresa.
- Inicio de las evaluaciones de procesos.
- Realización de ciclos de adecuación mediante *kaizen blitz* y AMFE junto con otras herramientas para eliminar las causas fundamentales de algunos problemas recurrentes.
- Realización de ciclos de mejora para incrementar la calidad de los resultados mediante actividades *kaizen* utilizando métodos y herramientas DMAMC con los que diseñar o rediseñar el proceso piloto y obtener unos resultados sobresalientes.
- Revisión de las oportunidades para la industria 4.0 e IIoT, y opciones de prueba.
- Inicio del diseño y creación de la oficina de flujo de valor.
- Uso de las tablas de puntuación y organización de las primeras reuniones de planta para analizar los resultados

- Implementación el trabajo estándar y otras herramientas para sostener la cultura.
- Preparación del marco para la fase de flujo de valor.
- Aplicación de TPM, flujo continuo, *poka yoke,* etc.
- Participación plena de los miembros clave.
- Inicio de la formación multitarea para los operarios.
- Inicio de la logística Lean entre proveedores y clientes.

Participantes
- Dirección general.
- Responsables de área.
- Responsables de recursos humanos.
- Equipos de proyecto y apoyo.
- Personal de operaciones.
- Ingeniería de procesos y calidad.
- Personal de mantenimiento.
- Departamento de cadena de suministro y planificación.

Obstáculos principales
- Resistencia al cambio de personal en general.
- Aplicación incorrecta de los conocimientos.
- Falta de dedicación del tiempo requerido.

Ventajas principales
- La empresa comienza a ver algunos resultados positivos.
- Se inicia una competitividad interna para obtener mejores resultados.
- Mejora el trabajo en equipo.
- Mejora la comprensión de las técnicas y estructura.
- Alto interés por resultados más positivos en otras áreas.
- La directiva se compromete por completo.
- Se establece la base para la Certificación Lean Six Sigma.

Fase 3   Organización del flujo de valor
Duración: de 1 a 2 años

En esta fase, la estructura organizativa se convierte en la base sobre la que se implementará el nuevo sistema porque establece una forma de trabajar gestionada por procesos y no en departamentos funcionales. Ahora se aplicará todo lo aprendido durante la fase piloto anterior a la creación del flujo de valor.

Se aplican las herramientas Lean Six Sigma en las áreas y los procesos vinculados a la contabilidad, la logística, las compras y todas las actividades de apoyo relacionados con los flujos de valor para crear un enfoque sistémico y aumentar los beneficios que traerá consigo la transformación.

Durante esta fase, la empresa experimentará grandes cambios que requerirán más formación, más ideas, una mejor adaptación y un grado de compromiso mayor. No es fácil, pero tras los primeros seis meses, hemos visto excelentes resultados y una integración total. Durante esta fase los equipos, dotados ya de una gran autonomía, escogerán a sus miembros de manera natural.

Actividades principales

- Formación para alcanzar el siguiente nivel de conocimientos.
- Integración de elementos propios de la Industria 4.0 e IIoT en el flujo de valor.
- Análisis de los resultados obtenidos.
- Aplicación completa de herramientas estratégicas Lean Six Sigma.
- Desarrollo de un sistema de producción o servicio *full pull*.
- Realización de actividades *kaizen* con clientes y proveedores.
- Inicio de proyectos con gran variabilidad estadística.
- Adopción de un sistema de contabilidad Lean, que incluye:
  - Contabilidad de gestión.
  - Contabilidad financiera.
  - Contabilidad operativa.
- Introducción del gestor de flujo de valor.
- Diseño e implementación de un diseño organizativo basado en flujos de valor.
- Asignación de personal a los flujos de valor.
- Uso de herramientas tácticas lean y sigma.
- Aplicación de DMAMC en todos los proyectos de mejora y resolución de problemas.
- Introducción de la oficina Lean.
- Integración de la contabilidad de costos en los flujos de valor.
- Implementación del presupuesto ajustado *(lean budget)*.
- Adopción de una planificación financiera integrada con ventas y flujos de valor.
- Certificación de habilidades múltiples (entrenamiento cruzado).
- Adopción de nuevos métodos de incentivo.
- Logística integrada con proveedores y clientes.
- Contribución plena del personal, que aporta ideas de mejora.
- Uso de las herramientas estratégicas por parte de los líderes de todos los niveles.

Participantes

- Dirección general.
- Responsables de área.

- Responsables de recursos humanos.
- Equipos de proyecto y apoyo.
- Personal de operaciones.
- Ingeniería de procesos y calidad.
- Personal de mantenimiento.
- Contabilidad y TIC.
- Cadena de suministro, planificación y logística.
- Marketing y ventas.
- I + D.

Obstáculos principales

- Falta de integración entre el equipo de la cadena de valor.
- Falta de conexión del flujo de información con algunos de los miembros del equipo.
- Posible uso de métodos de control anteriores.
- Resistencia al cambio por pérdida de autoridad.
- Posible detección de falta de capacidad de liderazgo.
- Conflictos de intereses entre departamentos.
- Limitaciones de autoridad para tomar decisiones.

Ventajas principales

- Los resultados muestran una clara reducción en los costos y un aumento en el ROI.
- Mejor comunicación y comprensión entre las personas.
- El trabajo en equipo permite mejorar las relaciones interpersonales.
- Hay una mejor comprensión del camino a seguir
- La información es mucho más clara y fácil de usar.
- Todo el personal comienza a comprender los beneficios de la filosofía Lean Six Sigma.
- Comienzan las evaluaciones de la cadena de valor.

Uno de nuestros clientes más importantes decidió implementar el sistema Lean Six Sigma en toda la empresa. Tras dos años de arduo trabajo y un excelente compromiso por parte de la directiva, todos los equipos multitarea obtuvieron unos resultados excelentes gracias a la organización mediante el flujo de valor. La colaboración entre varios departamentos dio sus frutos al duplicar su capacidad, reducir los costos significativamente cada año y ofrecer excelentes productos a sus clientes.

Fase 4   Organización de la empresa Lean Six Sigma
Duración: de 1 a 2 años en adelante

Una empresa Lean Six Sigma se caracteriza por comprometerse a aprender y enseñar —de hecho, considera esta actividad como uno de sus valores más importantes— y establecer un sistema de gestión de conocimiento que permite un control documentado de los problemas, las mejoras, los medios de prevención y todo lo que se considera relevante para el funcionamiento correcto de la organización. Además, las condiciones de trabajo en todos los niveles de la empresa demuestran el firme compromiso de proporcionar valor a la sociedad.

Durante esta fase, la evaluación de certificación de Lean Six Sigma Company abre la oportunidad para que cada proceso de la empresa se vuelva ágil y productivo. La empresa desarrolla un plan con actividades específicas que deben realizarse para lograr un enfoque sistémico al integrar todos los elementos o departamentos en una sola cultura de mejora. Todo el mundo aprende y participa en todos los procesos para contribuir a su mejora y tiene la oportunidad de ver cómo debe funcionar una verdadera empresa Lean Six Sigma.

Actividades principales
- Aplicación de las herramientas estratégicas en toda la empresa.
- Identificación de oportunidades en otros procesos (logística, contabilidad, ventas, diseño).
- Desarrollo de proyectos de mejora en cada proceso en torno a la principal restricción de la empresa.
- Adopción de paradigmas de ruptura continua.
- Aplicación de aplicaciones propias de la industria 4.0 e IIoT a todas las áreas de la empresa cuando sea recomendable.
- Uso extensivo de herramientas estratégicas y tácticas Lean Six Sigma dentro de la empresa.
- Publicación de resultados operativos y financieros.
- Creación de un centro de formación propio en el que se imparten los conocimientos necesarios.
- Compromiso pleno para convertir esa empresa en un referente en su sector.
- Consciencia de que los proyectos Lean Six Sigma son la base de la madurez.
- Certificación Lean Six Sigma para comprobar que los procesos y flujos de valor para toda la empresa.

- Organización autónoma de los equipos.
- Compromiso del equipo de alta dirección para enfocarse en un 80 % fuera de la empresa.
- Certificación continua de todos los procesos en curso de la empresa.

Participantes

- CEO y equipo de dirección.
- Directores gerentes y vicepresidencia.
- Responsables de área.
- Equipo de orientación.
- Gestores de flujo de valor y equipos de apoyo.
- Miembros de la cadena de valor.
- Equipo de proyecto.
- Equipo de apoyo.

Obstáculos principales

- Rotación de personal de alta dirección.
- Nuevos gerentes sin la visión o preparación.
- Incertidumbre en el entorno empresarial global.
- Confiar en los éxitos pasados (hay que ser persistente y mantener los resultados).
- No renovar o alinear la estrategia, los productos y el modelo operativo cuando es necesario (modelo de negocio *canvas* y *hoshin kanri*).

Ventajas principales

- Una cultura laboral renovada y siempre lista para el cambio.
- Liderazgo compartido
- Herramientas y conocimientos.
- Comprensión clara y constante de metas y objetivos.
- Lean Six Sigma Management como forma de pensar exitosa.
- La certificación Lean Six Sigma brinda a los clientes y el personal la confianza de trabajar con los mejores en su clase al maximizar el potencial de las personas y la empresa.

Una empresa minorista había comenzado a implementar el sistema Lean Six Sigma. Hubo mucha resistencia durante la fase de preparación. No se trata de algo raro, todo lo contrario, aunque requiere una actuación firme por parte de la alta dirección. En lugar de los uno o tres meses previstos, la empresa tardó más de un año en prepararse e iniciar la fase piloto. Conviene tener en cuenta que, en algunas ocasiones, es mejor retroceder dos pasos para asegurarse de que las personas entiendan el cambio y los beneficios que conlleva, y se convenzan de hasta qué punto deben seguir el nuevo plan. A veces, un proceso de transformación fracasa porque no se aprecia una situación en su justa medida.

Características de una verdadera empresa Lean Six Sigma

- Cliente centrado.
- Costos muy bajos.
- Máxima productividad y eficiencia general del equipo (OEE).
- Reducción máxima de los residuos.
- Reducción máxima del inventario.
- Lean Six Sigma en todos los procesos.
- Reducción máxima de las quejas de los clientes.
- Capacitación de las mejores personas.
- Cultura de mejora continua.
- Seguimiento de resultados por turno, día, semana, mes, trimestre y año.
- Disciplina.
- Objetivos claros.
- Procesos, flujos de valor, y empresa certificados.

4.4 CERTIFICACIÓN PARA LAS EMPRESAS LEAN SIX SIGMA

Las empresas han trabajado duro para implementar diferentes grados de Lean Six Sigma en su organización. Por desgracia, la dirección de la empresa no siempre sabe cómo puede comparar su nivel de implementación Lean Six Sigma con el de otras empresas. Existen dos opciones:

I   Evaluación interna dentro de una organización Lean Six Sigma.
II Certificación Lean Six Sigma por parte de terceros.

I   Evaluación interna dentro de una organización Lean Six Sigma
En el capítulo 2 ya se habló de las evaluaciones internas que pueden hacerse mediante diversos formatos. Se trata sin duda de una manera excelente de medir y comparar los resultados con otros departamentos, áreas o plantas de una misma empresa. Solo hay un inconveniente: los resultados no pueden compararse con los de otras organizaciones.

Las evaluaciones internas suelen centrarse en los aspectos siguientes:

* Certificación de personal.
* Procesos de apoyo.
* Flujos de valor.
* Lean Company (toda la organización).
* Industria 4.0 e internet industrial de las cosas (IIot) para medir el nivel de integración de todas las evaluaciones anteriores.

En el camino hacia la transformación de una empresa en una empresa Lean Six Sigma, hay que prepararse y garantizar que se cuenta con el conocimiento y los procesos correctos. Estos deberán certificarse paso a paso mediante cuatro categorías de certificación:

- **Certificación del personal:** cuando las personas están capacitadas y demuestran los conocimientos necesarios para convertirse en cinturón blanco, amarillo, verde, negro o maestro con cinturón negro, reciben un certificado.

- **Certificación de un proceso de apoyo:** cuando cada proceso cumple con los requisitos, puede certificarse —y renovarse este cada año— con los controles aleatorios realizados por expertos con la titulación de maestro con cinturón negro para garantizar que los métodos sean sostenibles y que las herramientas funcionen de manera regular por parte del personal al cargo.

- **Certificación de un flujo de valor:** cuando todos los procesos del flujo de valor han alcanzado un cierto nivel de progreso, se usan de manera habitual y han dado resultados, ha llegado el momento de certificados. La certificación de las cadenas de valor se revisa cada dos años para verificar que se mantienen y que mejoran día tras día.

- **Certificación de toda una empresa o corporación:** cuando la estrategia, la visión, la misión, los valores, los flujos de valor, así como todos los procesos de apoyo y el personal de la plantilla han recibido sus certificados correspondientes, se certifica que esta es una empresa Lean.

En cada nivel de certificación mencionado, se mide el nivel de madurez de acuerdo con los criterios de la industria 4.0 y el internet industrial de las cosas (IIoT).

La certificación de su empresa ayuda a comprender en qué nivel de madurez se encuentra una empresa y a definir un plan de acción para tener éxito en la transformación de la cultura empresarial.

II Certificación Lean Six Sigma por parte de terceros

Un proveedor de servicios completos reconocido e independiente puede evaluar los procesos, los sistemas y los servicios de una empresa Lean Six Sigma para determinar si se han implementado bien y son eficaces en virtud de sus KPI, que se compararán con los obtenidos en meses y años anteriores. Dichos proveedores, cuya seriedad y solvencia deben estar fuera de dudas, actúan siempre de manera neutral.

La certificación suele tardar entre tres y cinco días, dependiendo del tamaño de la empresa. La verificación al cabo de un año, en cambio, es más rápida: bastan dos o tres días según el tamaño de la empresa. La puntuación obtenida determinará el nivel de eficacia como empresa Lean Six Sigma. La puntuación mínima es de 700 puntos sobre 1 000.

El objetivo de esta certificación no es solo observar sus procesos, sistemas y servicios para ver si están implementados o no en comparación con sus procedimientos:

también hay que comprobar si estas herramientas y estos procedimientos proporcionan KPI mejores en comparación con los obtenidos en años anteriores.

La diferencia entre una certificación y una verificación estriba en lo siguiente:

- La **certificación** demuestra que los procesos, los sistemas o los servicios de una empresa cumplen con los estándares internacionales del sistema Lean Six Sigma. Al conseguirla, se entrega una placa que indica el nivel (acero, bronce, plata u oro).
- La **verificación** permite comprobar que los procesos, los sistemas o los servicios cumplen con los estándares internacionales del sistema Lean Six Sigma.

Una empresa de certificación bien consolidada proporcionará los beneficios siguientes:

- Recepción de un documento oficial de certificación.
- Comparación de resultados con empresas de todo el mundo.
- Calificaciones anuales para comprobar las mejoras.
- Consciencia de las fortalezas y las debilidades de la empresa.
- Se trabaja para que las desviaciones se resuelvan en el plazo acordado para que no se retrase la certificación.
- Se realizan evaluaciones previas y se prepara a la empresa para la certificación.

Cuando una empresa de alimentos comenzó a implementar el sistema Lean Six Sigma en toda la organización, a la dirección y la plantilla les costó entender por qué se hallaban tan lejos de la primera clase así como por qué debían someterse a tantas pruebas de evaluación para comprobar que su esfuerzo y sus nuevos proyectos iban en la dirección correcta. Sin embargo, cuando comenzaron las pruebas de certificación, no se dejó nada al azar. Los equipos especializados en el flujo de valor y el apoyo al proceso contaban con sus propios planes de actuación y los siguieron a rajatabla para guiar a la empresa a lo largo de su transformación, en la que se adoptaría un nuevo sistema y una nueva cultura basada en la agilidad.

4.5   PUNTOS CLAVE

1   El enfoque de 4 fases permite iniciar o reiniciar el proceso de mejora basado en el sistema Lean Six Sigma.

2   Ningún líder que se precie se dejaría amilanar por los obstáculos o los problemas que surjan. Basta con centrarse en la situación y resolverla con el apoyo de todo el equipo.

3   Todas las empresas deberían adoptar el sistema Lean Six Sigma. Y ahora, gracias al conocimiento y la experiencia acumulados, todas tienen la posibilidad de hacerlo.

4   Siempre existe la posibilidad de implementar el sistema Lean Six Sigma en una empresa, con independencia de su tamaño o su sector de actividad.

5   La certificación Lean Six Sigma por parte de un tercero es muy valiosa, sobre todo cuando se trata de saber en qué punto se halla una empresa y qué le falta para estar a la altura de las mejores.

6   Las empresas que adoptan el método Lean Six Sigma se hallan inmersas en un proceso de mejora continua que no termina nunca.

Aquí puede anotar otros puntos clave:

____

____

____

____

____

____

____

____

5 BENEFICIOS QUE CONLLEVA LA ADOPCIÓN DEL MÉTODO LEAN SIX SIGMA

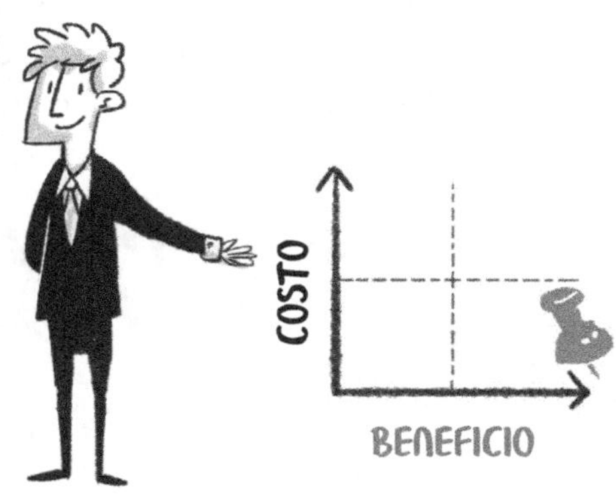

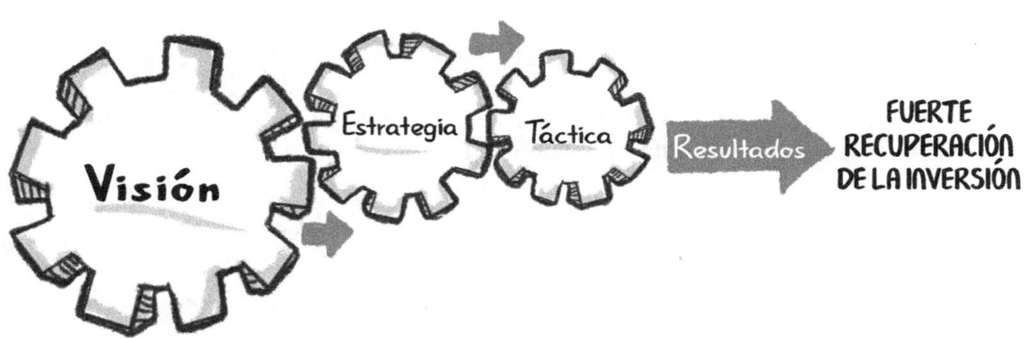

5.1   INTRODUCCIÓN

Cualquier empresa tiene problemas que resolver, procesos que mejorar y personal que formar si desea lograr un éxito a largo plazo. Hay que mejorar día a día, no solo en los procesos de fabricación o servicio, sino en otros tan distintos como la atención al cliente, las ventas, la mercadotecnia, la contabilidad, la logística, las tecnologías de la información y la comunicación y el mantenimiento. Si cada departamento o proceso estuviese alineado con la estrategia y la visión de la empresa, el resultado general sería mucho mejor, con un incremento notable de la eficiencia y la productividad. Y quienes integran la plantilla mostrarían un compromiso mayor con la empresa y se sentirían parte de esos procesos de transformación.

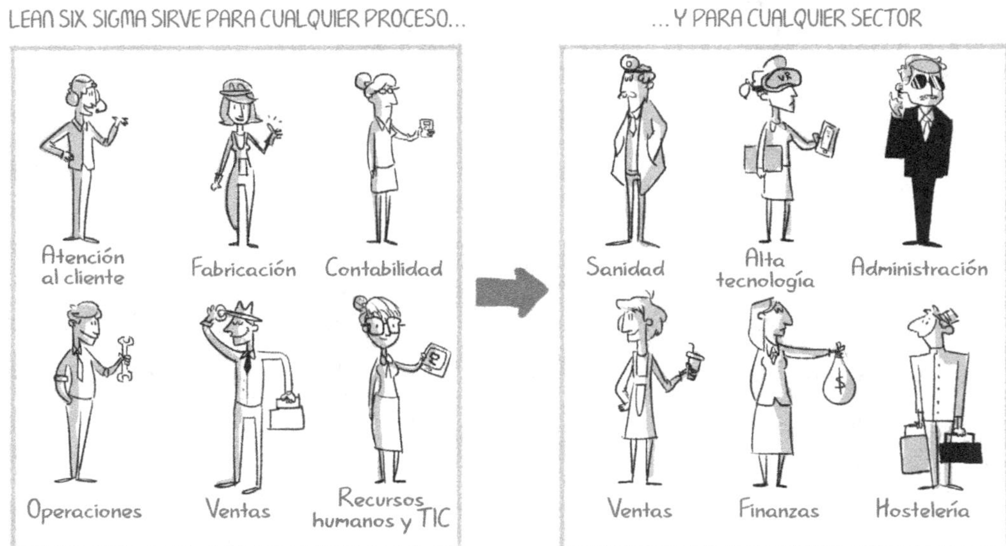

Cada empresa debería mejorar sistemáticamente en su conjunto. La transformación proporcionará unos resultados y beneficios increíbles:

- Cambiarán la experiencia y el grado de satisfacción del cliente.
- Cambiarán los resultados de la empresa.
- Cambiarán el comportamiento y el grado de satisfacción del personal.
- Cambiarán la forma en que se organiza la empresa.

- Cambiará la forma en que las personas generan ideas, resuelven problemas y toman decisiones.
- Cambiará el compromiso de cada persona en la empresa.
- Cambiará la forma en que se trata con los proveedores y se los incluye en el proceso.
- Cambiará la forma en que se percibe a la empresa tanto en el sector como en el mercado.

Todos esos cambios traerán beneficios. Mirando hacia atrás a lo largo de las últimas tres décadas, durante las que hemos brindado apoyo a más de 500 empresas en más de veinte sectores distintos, siempre hemos visto cómo estas mejoran sus procesos y sus resultados gracias a la adopción del sistema de gestión Lean Six Sigma.

5.2   PRINCIPALES BENEFICIOS Y VENTAJAS EN LA ADOPCIÓN DEL MÉTODO LEAN SIX SIGMA

Beneficios principales

Suele considerarse que un beneficio principal está relacionado con los resultados medibles que se han logrado gracias a la implementación del sistema Lean Six Sigma. No obstante, conviene recordar que una transformación de este tipo se realiza siempre a largo plazo, aunque los primeros resultados comiencen a aparecer al cabo de un tiempo relativamente corto. Sin embargo, si los beneficios a corto plazo no llegan con la rapidez que se esperaba, no hay que desesperarse. Paciencia: es solo una cuestión de tiempo. Seguramente vendrán.

Principales beneficios:
- Aumento del rendimiento.
- Reducción de costos en todas las áreas, como ventas, mercadotecnia, gastos generales, fabricación, calidad, mantenimiento, logística, etc.
- Aumento de ganancias.
- Reducción en el uso del espacio.

- Reducción de inventario.
- Mejora del flujo de caja.
- Aumento de capacidad.
- Mejora de la calidad.
- Reducción de costos.
- Reducción de gastos de capital.
- Eficiencia del proceso.

Si bien cada empresa y cada sector son diferentes, cuando los líderes deciden trabajar de acuerdo con los principios del sistema Lean Six Sigma, todo comienza a cambiar de una manera muy positiva. Los beneficios son clave a la hora de que los gerentes y los inversores mantengan su interés y estén dispuestos a invertir más en esta filosofía a largo plazo. Hay que controlar los KPI diarios y mensuales. Pronto mejorarán los resultados y los beneficios. Además, las personas observarán de cerca las tablas de puntuación. Si ven que los indicadores mejoran gracias a las acciones implementadas, comenzarán a apoyarlas.

Sin embargo, si los ingresos no han aumentado y los costos y los inventarios no han disminuido al cabo de algunos meses o un año, habrá que revisar el programa de inmediato. Durante nuestra ya larga trayectoria, hemos ayudado a muchas empresas a adoptar el sistema Lean Six Sigma y los resultados siempre han sido mejoras drásticas y sostenibles si el proceso se ha llevado a cabo con un plan claro que incluye a todas las personas que utilizan las herramientas correctamente y trabajan día a día para mejorar los procesos.

Otras ventajas

Hay otras ventajas que no son monetarias, pero son tan importantes como los beneficios principales. En realidad, para una empresa que trabaja a largo plazo, son aún más importantes, pues permiten asegurar y mantener los beneficios principales.

Todo cambio, si se realiza bien, genera ventajas. También son muy importantes porque influyen en el comportamiento de las personas, sobre todo si en algún momento se preguntan si la empresa es un buen lugar para trabajar.

A nadie le gusta trabajar en un lugar donde no haya desafíos, se cuestiona el liderazgo o las condiciones de trabajo no son seguras.

Algunas de las ventajas más significativas son las siguientes:

- Mayor satisfacción del cliente.
- Mayor satisfacción del personal.

- Mejora en la comunicación interna y externa.
- Reducción en la rotación de personas.
- Mejoras de seguridad.
- Incremento en las ideas de mejora por parte tanto de las personas como de los equipos.
- Incremento de las ideas de mejora ejecutadas.
- Mejora continua de la cultura implementada.
- Mejoras en la disciplina.
- Empleados siguiendo procesos.
- Mantenimiento y refuerzo de los valores y compromisos de la empresa.

La filosofía Lean Six Sigma aumenta la moral de las personas gracias a tres elementos clave que cada equipo desarrolla al trabajar en la transformación:

- **Logro:** todos se sienten muy bien cuando el trabajo se realiza con comodidad y se alcanzan los objetivos esperados.

- **Pertenencia:** se experimenta cuando se implementa la estructura del flujo de valor y la empresa ya no se reduce a la mera administración por departamentos. El estrés disminuye y permite mejores resultados gracias a la fuerte integración del equipo.

- **Contribución:** cada persona se siente más motivada al participar en ciclos de adaptación y mejora al dar ideas y trabajar para implementarlas, pero también cuando los líderes reconocen que se obtienen mejores resultados trabajando en equipos que de manera individual.

Una buena comunicación constituye uno de los mayores beneficios de una cultura Lean Six Sigma. Cada herramienta estratégica y táctica posee un componente relacionado con la mejora de la comunicación. Ningún líder debería pasar por alto esta cuestión.

5.3 RECUPERACIÓN DE LAS INVERSIONES AL ADOPTAR LA METODOLOGÍA LEAN SIX SIGMA

El retorno de la inversión (ROI) es un KPI crucial para cualquier gran transformación. Si invertimos cientos de miles de euros en un programa de mejora continua, queremos un buen rendimiento. Muchas empresas han invertido grandes sumas de dinero sin haber visto ningún rendimiento de su inversión y, por lo tanto, han abandonado el programa. Con todo, también hay muchas empresas que no solo han tenido un retorno de la inversión importante sino que continúan siendo líderes en sus respectivos sectores.

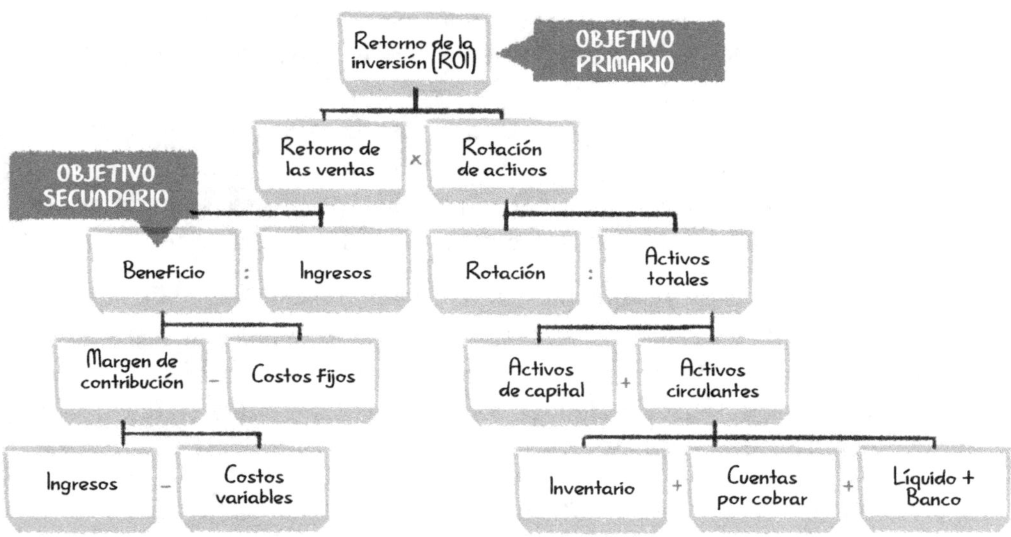

El modelo ROI, que desarrolló tiempo atrás la empresa DuPont, se usa en todo el mundo. Se trata de una medida financiera rápida y conveniente que ayuda a los líderes a comprender la relación entre ganancias y ventas.

$$\frac{\text{Ingresos netos (sobre el beneficio)}}{\text{Ventas}} \times \frac{\text{Ventas}}{\text{Activos totales}} = \frac{\text{Ingresos netos}}{\text{Activos totales}} = \text{ROI}$$

Hemos visto que el ROI de nuestros clientes ha ido de un 2:1 inicial a más de un 10:1 al cabo de dos años en los mejores casos. Así, por cada euro o dólar que invirtieron en un programa Lean Six Sigma, ¡obtendrán diez!

La diferencia entre las empresas con un ROI bajo en comparación con las más altas puede ocurrir por las siguientes razones.

ROI baja o nula

- No se confía en la filosofía Lean Six Sigma.
- No se integran la visión, la misión, los valores y la estrategia.
- Los objetivos son poco claros.
- Se cambia continuamente de prioridades.
- Solo se selecciona un proyecto Lean Six Sigma con poca o ninguna mejora. Apenas se realiza esfuerzo y solo se obtiene un rendimiento pequeño.
- La implementación del sistema Lean Six Sigma se hace de manera tímida y apenas tiene consecuencias.
- Las personas carecen de la capacitación necesaria, así como de los certificados en cinturón amarillo, verde, negro o maestro con cinturón negro.
- La gerencia no está liderando o incluso va por detrás del proceso de transformación.
- Los ejecutivos o profesionales clave del proceso Lean han dejado la empresa.

Las empresas que están prosperando en la transformación Lean Six Sigma han mejorado al cabo de tres, cuatro o cinco años después de que iniciasen el viaje y están experimentando un EBITDA que oscila entre un 10 y el 15 % en el peor de los casos y supera el 50 % en el mejor. Una vez más, la clave radica en que la gestión Lean Six Sigma forme parte de la transformación que acomete toda la empresa.

Las empresas con un ROI alto hacen lo siguiente

- Consideran la transformación Lean Six Sigma como una parte integral de la visión, la misión, los valores y la estrategia de la empresa.
- El equipo de administración de la empresa conoce muy bien la filosofía Lean Six Sigma y se implica al 100 %.
- El personal posee la capacitación suficiente y participa plenamente en el proyecto.
- Se realizan evaluaciones y se diseña un sistema fuerte.
- Se aboga por una buena preparación, se diseñan la fase piloto y el flujo de valor, y se adopta un modelo de organización Lean.
- Las personas que integran la plantilla conocen muy bien la filosofía Lean.
- Los proyectos Lean Six Sigma se hacen visibles y se revisan cada semana.

La implementación del sistema Lean Six Sigma es muy recomendable en cualquier empresa. No plantea ningún inconveniente.

5.4   EJEMPLOS DE TRANSFORMACIÓN DE UNA EMPRESA

A continuación, veremos algunos casos reales de transformación que se han realizado en empresas de sectores muy distintos. Todas adoptaron el sistema Lean Six Sigma con un propósito claro: **mejorar.** Aunque cada caso es muy diferente y único, el método empleado fue siempre el mismo.

Las personas propietarias, gerentes y líderes de la empresa solían mirar hacia atrás y comentaban: «¿Por qué no lo hicimos antes? Ahora que logramos estos resultados, ¿qué podemos hacer para mejorar aún más?».

Vamos a ver de cerca cinco casos de transformación Lean Six Sigma:
  1 Sector bancario: departamento de préstamos.
  2 Sector industrial: fabricación de turbinas para empresas de pintura.
  3 Sector sanitario: clínica.
  4 Sector del automóvil: centro de servicios de un concesionario.
  5 Sector del embalaje: servicios para la industria farmacéutica y de tecnología sanitaria.

Caso 1. Sector bancario: departamento de préstamos

Una pequeña entidad bancaria necesitaba con urgencia mejorar el procesamiento de sus préstamos. Debían aumentar la capacidad, mejorar la calidad y reducir drásticamente los costos.

DATOS CLAVE

ANTES	AL CABO DE 6 MESES
• Capacidad = 120 préstamos procesados al mes	• Capacidad = 312 préstamos procesados al mes
• Ingresos bajos	• Ingresos altos
• Costo alto de cada préstamo	• Costo de cada préstamo: se reduce en más de un 40 %
• Repetición de tareas constante a causa de errores	• Mismo personal
• Tiempos de espera en todo el flujo de valor	• Procesos casi tres veces más rápidos
• Comunicación deficiente entre departamentos	• Incremento del beneficio del préstamo en un 22 %
	• La comunicación ha mejorado mucho

El análisis de cualquier proceso financiero es muy interesante debido a todos los tipos de interacciones que se dan entre el personal, por una parte, y los diferentes departamentos, por otra.

Situación inicial

A medida que las personas y los departamentos llevaban a cabo cada paso, se producían retrasos. El cuello de botella variaba continuamente.

- Alta variabilidad en el tiempo total para procesar cada préstamo.
- No había suficientes personas capacitadas en las diferentes tareas, gran cantidad de papeleo para cada préstamo.
- Trabajos constantes por errores.
- Los sistemas informáticos no estaban diseñados para permitir trabajar en equipo.
- El procesamiento de los préstamos presentaba fallos: todos se trataban de la misma manera con independencia del riesgo. Algunos que requieren un proceso más largo retrasaban a otros menos arriesgados.
- La recopilación de datos y documentación no estaba estandarizada.

Transformación

Tras desarrollar el mapa de flujo de valor e identificar las principales fuentes de residuos, se llevaron a cabo las acciones siguientes:

- Servicio de limpieza en oficinas y documentación.
- Matriz de capacitación cruzada y programa de certificación para desarrollar personas con múltiples habilidades.
- Desarrollo de software para subir los documentos directamente por el cliente.
- Implementación de un flujo continuo mediante la creación de equipos de crédito por nivel de riesgo.
- Asignación de un líder para que sea el único que se mantiene en contacto con el cliente para realizar el seguimiento.

Caso 2. Sector industrial: fabricación de turbinas para empresas de pintura

Una empresa produce turbinas para la industria de la pintura. Si no se tomaban medidas urgentes, quedaría fuera del negocio.

Necesitaban aumentar el rendimiento, mejorar la calidad y reducir drásticamente los costos y el tiempo de entrega.

DATOS CLAVE

ANTES	AL CABO DE 1 AÑO
• Capacidad = 20-30 máquinas al día	• Capacidad = 50-70 máquinas al día
• Trabajo atrasado = 80.000 $	• Trabajo atrasado = 0 $
• Inventario = más de 2.000.000 $	• Inventario = 650.000 $
• Tiempo de entrega = 3-4 semanas	• Tiempo de entrega = 2 días como máximo
• Costo por unidad alto	• Reducción del costo por unidad = < 23 %
• Repetición de tareas constante	• Aumento de la calidad = > 95 %

Situación inicial

A causa de la recesión económica de 2009, muchas empresas cerraron durante el años siguiente y otras tuvieron que encontrar nuevos nichos de mercado. Los clientes no estaban dispuestos a esperar más de dos semanas para recibir una turbina y continuar pagando por las ineficiencias de sus proveedores. Al inicio del proyecto se detectó lo siguiente:

- Alta rotación de personas empleadas.
- Alto nivel de inventario en productos terminados y trabajos en proceso.
- Flujo de caja bajo.
- Largos plazos de entrega: de tres a cuatro semanas después de la recepción del pedido.
- Alta tasa de defectos y repetición de tareas.
- Largas distancias para transporte de material y personas que realizan trabajos en planta.
- Trabajadores especializados que realizan solo una o dos funciones.

Transformación

El propietario de la empresa tomó la iniciativa y decidió capacitar a todos en Lean Six Sigma. Después de un taller sobre limpieza a fondo, toda la empresa aplicó 5 S, incluidas las oficinas, la zona de fabricación y el almacén. La transformación duró un año. Durante ese tiempo, se llevaron a cabo, entre otras, estas acciones:

- *Hoshin kanri,* cuadro de resultados *(box score)* y paseo *gemba.*
- Implementación de 5 S en toda la empresa.
- Tableros *andon* en el taller.
- Sistema de desarrollo de talento mediante formación cruzada y modelo de compensación.
- Reorganización completa del diseño de la empresa para pasar de los departamentos a las células de trabajo.
- Diseño e implementación de un sistema *pull* gestionado mediante *kanban.*

Caso 3. Sector sanitario: clínica

El equipo directivo de una pequeña clínica del área metropolitana de Houston estaba desesperado y necesitaba actuar rápidamente para mejorar la capacidad y el servicio a los clientes.

DATOS CLAVE

ANTES	AL CABO DE 18 MESES
• Capacidad = 10.000 pacientes al mes	• Capacidad = 15.000 pacientes al mes
• Tiempo de espera = 2 horas por término medio	• Tiempo de espera = 15 minutos por término medio
• Net Promoter Score (NPS) = 20 %	• Net Promoter Score (NPS) = 56 %
• Quejas constantes	• Las quejas se han reducido mucho

Situación inicial

La mejora no era solo una opción: necesitaban aumentar su capacidad en un 50 % debido a la demanda de un importante hospital con el que se habían asociado. Además, su servicio al paciente dejaba mucho que desear y muchos se quejaban por los tiempos de espera, de hasta dos horas, a pesar de que ciertos servicios eran buenos.

Después de realizar la evaluación inicial de Lean Six Sigma, detectamos las siguientes oportunidades de mejora:

- El índice de satisfacción era de un 20 %. De cada cien pacientes, solo veinte volverían o recomendarían el servicio a familiares o amigos.
- Falta de integración y comunicación entre departamentos.
- Los pacientes sin citas se mezclaron con pacientes con citas, generando confusión y largos tiempos de espera.
- Proceso de registro largo debido al tiempo necesario para encontrar los registros médicos.
- Quejas de los clientes.

Transformación

- Todos las personas recibieron capacitación en Lean Six Sigma *Healthcare*.
- Herramientas estratégicas implementadas:
  - *Hoshin kanri.*
  - Reuniones con tabla de resultados.
  - Implementación de contabilidad Lean.
  - Paseos *gemba* diarios.
- Actividades *kaizen* para mejorar utilizando herramientas tácticas:
  - Proceso de registro que implementa 5 S, control visual y configuración rápida para los pacientes ingresados.
  - Flujo continuo para pacientes con citas.
  - Flujo dedicado para pacientes sin cita previa.
  - Farmacia 5 S, rediseño y sistema *kanban* para reponer medicamentos.
  - Cuentas por cobrar 5 S, gestión de proyectos, SMED, *poka yoke* y control visual *(andon).*
  - Control de costos Lean para entender el costo real por paciente.

Caso 4. Sector del automóvil: centro de servicios de un concesionario

Los clientes del centro de servicios de un concesionario de automóviles estaban muy descontentos. El concesionario perdía clientes frente a la competencia. Necesitaba mejorar la velocidad del servicio, aumentar la capacidad, incrementar el rendimiento, mejorar la calidad, reducir las quejas de los clientes y reducir drásticamente el costo y el tiempo de procesamiento.

DATOS CLAVE

ANTES	AL CABO DE 1,5 AÑOS
• Tiempo de entrega = 2-3 días	• Tiempo de entrega = 2 horas
• Capacidad insuficiente	• Aumento de la capacidad (con los mismos recursos) = 45 %
• Quejas de los clientes	• Reducción del costo por servicio = 28 %
• Repetición de tareas constante	• En 6 meses, se convirtió en el primer concesionario de automóviles

Situación inicial

Los clientes se mostraban muy insatisfechos debido al largo proceso de servicio de mantenimiento, cuyos tiempos de entrega eran de dos o tres días en el mejor de los casos cuando se trababa de sencillas tareas de mantenimiento.

La situación inicial presentaba los siguientes problemas:

- Sistema de programación de citas ineficiente.
- Mala programación, con constantes cambios y contradicciones.
- Falta de repuestos para el mantenimiento programado del vehículo.
- Mala comunicación con al cliente cada vez que se producía un retraso.
- Cuello de botella interno en el mantenimiento regular del automóvil debido a la falta de piezas.
- Almacén de repuestos totalmente desorganizado.

Transformación

- Capacitación del personal del departamento en servicios Lean.
- Definición de KPI para el departamento de servicios y para la programación de las tareas.
- Desarrollo de un tablero *andon* para el taller en el que se comunicaría y asignarían las tareas.
- *Kaizen* para implementar el suministro de repuestos a las estaciones de trabajo de acuerdo con el método Lean.
- Reuniones de cinco minutos en planta con equipo de mecánicos y repuestos.
- *Kaizen* para la preparación rápida de materiales y piezas de repuesto para el mantenimiento programado.
- *Kaizen* para flujo continuo desde la recepción, el proceso de documentación en línea, el trabajo de mantenimiento, el lavado de los coches y el servicio al cliente.
- Implementación de paseos *gemba* y Leader *standard work*.

Otros resultados

- En este caso, fue muy interesante ver cómo mejoró la moral cuando el equipo vio los primeros resultados y recibió buenas críticas de los clientes.
- El índice de satisfacción del cliente aumentó del 25 al 60 % en seis meses.
- Las ganancias aumentaron más de un 30 %.

Caso 5. Sector del embalaje: servicios para la industria farmacéutica y de tecnología sanitaria

Un fabricante de envases farmacéuticos luchaba para mantenerse al día ante la demanda cambiante del mercado. El sector está muy regulado y los clientes exigen siempre una gran calidad a un precio muy competitivo.

DATOS CLAVE

ANTES

* Las ventas decrecieron durante años
* Pérdida de clientes fieles
* Nivel de inventario = alto
* OEE = 62 %
* EBIT = de un dígito y bajo
* Índice de inversión = bajo

AL CABO DE 1,5 AÑOS

* Las ventas se aumentaron en un 35 %
* Se recuperó al 95 % de los clientes
* Reducción del nivel de inventario = RM 40 %, WP 85 %, FG 35 %
* OEE = 87 %
* EBIT = de dos dígitos y altos
* Índice de satisfacción = 92 %

Situación inicial

La empresa había desarrollado envases para la industria farmacéutica durante años y se había convertido en la líder del sector en la región. Sin embargo, desde hacía tiempo, se había relajado, se mostraba arrogante con los clientes, los plazos de entrega eran impredecibles, la calidad disminuyó, y las ganancias mostraban una inquietante tendencia a la baja. Por si fuera poco, había aparecido un competidor más fuerte y los clientes comenzaron a abandonar la empresa. La inversión decreció al haber menos ingresos y el futuro era cada vez más incierto. Se implementaron muchos planes de acción diferentes, incluidos algunos que imponían una reducción de costos muy drástica, pero los resultados empeoraron por no planificarse de manera correcta y pensar a corto plazo.

Transformación

El equipo de gestión solicitó ayuda externa. Después de realizar una evaluación exhaustiva en todas las áreas clave, se decidió acometer una transformación Lean Six Sigma.

El plan maestro se centró en los aspectos y las herramientas siguientes

* Evaluación de la empresa.
* Comunicación: proceso de gestión del cambio para todos las personas sobre el pasado, el presente y el futuro.

- Formación en Lean y Six Sigma.
- Implementación de las 5 S en la fase inicial.
- *Hoshin kanri* y cuadro de resultados.
- TPM en todos los equipos clave.
- Actividades *kaizen.*
- Reducción rigurosa de residuos.
- A3 y diagrama de *ishikawa.*
- Procedimientos operativos estándar.
- Gestión visual *(andon).*
- *Kanban.*
- Paseos *gemba.*
- Six Sigma.
- Encuestas continuas al personal y los clientes.
- Nuevo concepto de cadena de suministro.
- Cambio a una empresa de certificación más rigurosa.

El primer año de recuperación de la empresa fue muy difícil. Costó mucho alinear y sincronizar todas las prioridades.

Afortunadamente, la empresa realizó los cambios necesarios y se convirtió de nuevo en la líder del mercado. Al cabo de dos años y medio, logró lo siguiente:

- Reducción en un 93 % de las quejas relacionadas con la calidad de los productos (de treinta al mes a solo uno o dos).
- Implementación de 5 S en todas las áreas.
- Gestión visual con tableros en todas las áreas clave.
- Paseos *gemba* regulares y celebración de reuniones siempre en la planta.
- Aumento de las ventas en un 35 % cuando el mercado crecía solo a un 3 % anual.
- TPM en el 50 % de las líneas de formación sistemática en todas las áreas.
- Innovación y gran inversión en nuevas tecnologías.
- Fuerte aumento del EBITDA a dos dígitos altos.

La empresa sigue manteniéndonos al tanto de su situación. Sigue obteniendo algunos de los mejores resultados de su clase. Se han implementado herramientas adicionales y los procesos se llevan a cabo sin problemas. Los procesos y la plantilla disfrutan de una gran estabilidad y se ha implementado un sistema y una cultura de mejora continua rigurosa y sistemática que afecta a todos los procesos día tras día.

5.5   CONCLUSIONES

Al llegar al final de este libro, nos hemos dado cuenta de que no hemos inventado el sistema Lean Six Sigma. Ya se hizo hace años. Pero hemos aprendido a usarlo, a implementarlo con éxito, a afinar algunos conceptos y a utilizar las herramientas junto con los líderes y los equipos de cada empresa para lograr la visión y los objetivos esperados.

Estamos muy orgullosos de haber podido ayudar a muchas empresas y organizaciones a implementar este sistema de gestión. Mediante el liderazgo, estas empresas han logrado resultados sobresalientes e incluso algunas se han colocado a la cabeza de sus respectivos sectores.

Año tras año nos damos cuenta de que, cuando las herramientas y los conceptos funcionan al unísono, se produce un efecto parecido al que experimentan los músicos de una orquesta sinfónica. A veces la secuencia de ciertas herramientas necesita algunas variaciones, algunos ajustes, y a veces se requiere un plan específico de la empresa, pero el objetivo sigue siendo el mismo y al final se alcanzan los resultados deseados.

Cuando usted y su equipo se adentren en los secretos del sistema de gestión Lean Six Sigma, se dará cuenta de que todos los métodos, todas las herramientas y todos los procesos deberán estudiarse con cuidado para identificar cuellos de botella y posibles residuos que permitan configurar la transformación.

Uno de los principales objetivos del sistema Lean Six Sigma consiste en pasar de una capacidad máxima a una productividad óptima y, por lo tanto, mejorar la rentabilidad.

Los líderes necesitan métodos de aprendizaje abiertos a nuevos descubrimientos, ya sea desde fuera o desde dentro de la empresa. Todo se reduce a una visión clara con un fin preciso, un plan sólido, un compromiso completo de la alta dirección con el resto de la organización. Siempre habrá obstáculos. Un buen líder sabrá cómo eliminarlos, cómo ayudar a los equipos a revisar sus prioridades y cómo conseguir que se mantengan centrados.

Este libro expresa, ante todo, nuestro compromiso para que usted pueda implementar con éxito el sistema de gestión Lean Six Sigma.

Este sistema no tiene ningún inconveniente. Si no lo adopta, perderá la ocasión de disfrutar de los beneficios que mencionamos en los capítulos anteriores.

Pero si lo ejecuta a medias y sin demasiada convicción, tenga por seguro que fallará. Incluso podríamos decir que el hecho de descartar este sistema puede poner en riesgo la supervivencia de su empresa. La era digital y la irrupción de las nuevas tecnologías ligadas a la industria 4.0 y el internet industrial de las cosas (IIoT) requerirán procesos sólidos y ajustados. Es mejor que se ponga en marcha y cuanto antes.

Estamos muy orgullosos de haber tenido grandes oportunidades para respaldar, liderar y mejorar tantas empresas de todo el mundo, y de lograr grandes resultados por lo que respecta a la satisfacción del cliente y del personal, la mejora de la calidad y el ahorro de recursos para invertir en tecnologías, procesos y formación de mejor calidad. Obviamente, esto no se podría haber logrado sin líderes fuertes y comprometidos que contasen a su vez con buenos equipos.

Por ello, deseamos agradecer una vez más a todos los líderes, profesionales y equipos que nos hayan permitido colaborar en la transformación de sus empresas.

Si tiene preguntas o dudas, póngase en contacto con nosotros.

Esperamos que haya disfrutado con este libro. Y, por favor, cuéntenos su experiencia con el sistema Lean Six Sigma e infórmenos de sus progresos y sus resultados.

Una empresa basada en los principios de la gestión Lean nos obliga a correr un maratón que durará toda la vida. Disfrutemos de la experiencia.

Luis y Carlo

BIBLIOGRAFÍA

Business model generation: a handbook for visionaries, game changers, and challengers. Alexander Osterwalder e Yves Pigneur. John Wiley and Sons Ltd, Nueva York, 2010.

Certificación Lean Six Sigma Green Belt para la excelencia en los negocios. Luis Socconini. Marge Books, Barcelona, 2019.

Certificación Lean Six Sigma Yellow Belt para la excelencia en los negocios. Luis Socconini. Marge Books, Barcelona, 2019.

Developing leadership skills 27: what is leader's standard work? Module 3, section 9. Jeffrey Likery George Trachilis. Amazon Kindle, 2017.

El camino hacia el Lean Startup: cómo aprovechar la visión emprendedora para transformar la cultura de tu empresa e impulsar el crecimiento a largo plazo. Eric Ries. Deusto, Barcelona, 2018.

Gemba walks expanded (2nd edition), Jim Womack y John Shook. Lean Enterprise Institute, Boston, 2013.

Hoshin Kanri: policy deployment for successful TQM. Yoji Akao. Productivity Press, Nueva York, 2012.

Implementing Industry 4.0: leading change in manufacturing and operation. John Mahnen. MIT, Boston, 2017.

Industry 4.0: the industrial internet of things. Alasdair Gilchrist. Apress, Nueva York, 2016.

Introduction to TPM: Total Productive Maintenance (Preventive Maintenance Series). Seiichi Nakajima y Norman Bodek. Productivity Press, Nueva York, 1988.

Kaizen: the key to Japan's competitive success. Masaaki Imai. Random House, Nueva York, 1988.

Kanban: Guía ágil paso a paso diseñada para ayudar a los equipos a trabajar juntos de manera más eficiente. Harry Altman. Autor-Editor, 2018].

La meta: un proceso de mejora continua. Eliyahu M. Goldratt y Jeff Cox. Díaz de Santos, Madrid, 2010.

La máquina que cambió el mundo. La historia de la producción Lean, el arma secreta de Toyota que revolucionó la industria mundial del automóvil. James P. Womack, Daniel T. Jones, Daniel Roos. Profit Editorial, Barcelona, 2017.

Las claves del éxito de Toyota: 14 principios de gestión del fabricante más grande del mundo. Jeffrey K. Liker. Gestión 2000, Barcelona, 2010.

Lean Company. Más allá de la manufactura. Luis Socconini. Marge Books, Barcelona, 2019.

Lean Energy 4.0. Guía de implementación. Luis Socconini y Juan Pablo Martín. Marge Books, Barcelona, 2019.

Lean Manufacturing. Paso a paso. Luis Socconini. Marge Books, Barcelona, 2019.

Managing to learn: using the A3 management process to solve problems, gain agreement, mentor and lead. John Shook y Jim Womack. Lean Enterprise Institute, Boston, 2008.

Quick changeover for operators: the SMED System. Shigeo Shingo. Productivity Press, Nueva York, 1996.

Scrum: El revolucionario método para trabajar el doble en la mitad de tiempo. Jeff Sutherland y J. J. Sutherland. Ariel, Barcelona, 2018.

Scrum for dummies. Mark C. Layton y David Morrow. John Wiley and Sons Ltd, Nueva York, 2018.

Seis-Sigma / Six Sigma: Metodología y técnicas / Methodology and techniques. Edgardo J. Escalante. Limusa, Madrid, 2005.

Strategy: building and sustaining competitive advantage. Felix Oberholzer. Harvard Business School, Boston, 2017.

The talent management handbook: second edition. Creating a sustainable competitive advantage by selecting, developing, and promoting the best people. Lance A. Berger y Dorothy R. Berger. McGraw-Hill, Nueva York, 2011.

Toyota Kata: el método que ayudó a miles de empresas a optimizar la gestión de sus negocios. Mike Rother. Profit Editorial, Barcelona, 2017.